Elisabeth von Dijon

Licht, das mich führt

Elisabeth von Dijon

Licht, das mich führt

Geistliche Botschaft

Herausgegeben von
Conrad De Meester OCD

Mit einem Vorwort von
Ulrich Dobhan OCD

Herder
Freiburg · Basel · Wien

Titel der französischen Originalausgabe:
Élisabeth de la Trinité, Pensées I. Vous êtes la Maison de Dieu;
Pensées II. Pour son amour j'ai tout perdu
© Les éditions du Cerf, Paris 1984

Deutsche Übersetzung: Karmel St. Josef, Hauenstein/Pfalz

Umschlagfoto: Elisabeth Catez im Alter von 18 Jahren
(Foto: Karmel Dijon)

Alle Rechte vorbehalten – Printed in Germany
© Verlag Herder Freiburg im Breisgau 1986
Imprimatur. – Freiburg im Breisgau, den 24. Februar 1986
Der Generalvikar: Dr. Schlund
Herstellung: Freiburger Graphische Betriebe 1986
ISBN 3-451-20696-X

Vorwort zur deutschen Ausgabe

Dieses zweite von dem flämischen Karmeliten Koen De Meester herausgegebene Buch[1] mit Texten der am 25. November 1984 seliggesprochenen französischen Karmelitin Elisabeth von Dijon möchte uns ihre „geistliche Lehre" nahe bringen. Zu zwölf Themen, in denen geistliche Grundsituationen des Menschen angesprochen werden, wie z. B. die für jeden Menschen grundlegende und sein Leben ermöglichende Voraussetzung „Ich bin geliebt", läßt der Herausgeber Elisabeth zu Wort kommen und vermittelt dem Leser einen tieferen Zugang zu ihr.

Es zeigt sich auch in diesen Texten, wie sehr Elisabeth auf die Fragen des heutigen Menschen eingeht, der trotz Fortschritt und Erfolgen von *Angst* und *Leistungsdruck* („Streß") geplagt wird. Es sind heute nicht mehr die bösen Geister oder finsteren Dämonen, die ihm Angst einjagen, sondern es ist die Frage nach dem Sinn des Lebens, die Angst vor der Zerstörung des Lebensraumes, der Druck der Erwartungen und Leistungen – Zustände, die auch die Beziehung des Menschen zu Gott nicht verschonen, aber letztlich nur auf dieser Ebene gelöst werden können. Dazu gibt Elisabeth in ihrer schlichten und einfachen Weise, aber dennoch überzeugend Anleitung.

Bei all ihren Ratschlägen, die sie in ihren Briefen gibt, oder auch in ihren eigenen geistlichen Reflexionen, verfällt sie nicht ins Moralisieren, sondern sie wirkt auf-

---

[1] Das erste trägt in der deutschen Übersetzung den Titel: Elisabeth von Dijon, Ich gehe zum Licht. Leben und Erfahrungen im Selbstzeugnis, Freiburg i. Br. ²1984.

bauend, d. h. sie weist nicht ständig auf die Sünde hin, dafür umso mehr auf Christus, denn die „Liebe wird dich umgestalten" und das „Vertrauen auf Gottes Barmherzigkeit" wird Rettung bringen, denn Christus ist „gekommen für die Sünder". Elisabeth weiß aus ihrer eigenen Erfahrung, wie Leben als Christ nicht einfach durch eine Entscheidung des Menschen realisiert werden kann, sondern oft eines langen Umwandlungsprozesses bedarf. Es wächst in dem Maße, als die persönliche Beziehung zu Gott vertieft und zur Teilnahme am „Fest der Drei" wird. Auch die vermeintlichen Sinnlosigkeiten des Lebens, selbst „Aszese und Leid" bieten ihr die Möglichkeit, dem Geliebten gleichförmiger zu werden, ja der Schmerz wird so zum größten Zeichen der Liebe (L 314), was sich auch in jeder echten Liebesbeziehung zwischen Menschen bewahrheitet. Daß diese Wahrheit nur einem Menschen verständlich ist, der selbst verliebt ist, darf nicht übersehen werden, und Elisabeth scheint das gut zu wissen. Sie möchte die Menschen zunächst genau *dafür* gewinnen, durch ihr „Dasein für die Menschen und die Kirche", und deshalb „Sakrament und Apostel" sein, d. h. durch sie soll Gottes Liebe und Güte sichtbar werden.

Das Mittel, um zu dieser Vertiefung der persönlichen Beziehung mit Gott zu kommen, ist das „innere Beten", wozu sie Schönes und Bedenkenswertes sagt: „Legen Sie die Bücher beiseite und verweilen Sie ... mit einem liebevollen Blick bei Gott" (L 138); oder: „Beunruhige Dich nicht, wenn Du wie jetzt so sehr in Anspruch genommen bist und nicht alles tun kannst, was Du Dir vorgenommen hast: Auch mitten in der Arbeit kannst Du zu Gott beten; es genügt, einfach an ihn zu denken ..." (L 93), denn „Gott ist gegenwärtig" und wünscht nichts mehr als „Deine Einheit mit Christus". Für Menschen, die auch noch aus dem Beten eine abzuleistende Verpflichtung gemacht haben und sich davon unter Druck setzen lassen, so daß durch das Beten der Leistungsgedanke auch noch gefördert wird, könnten solche Anweisungen eine wahre Erlösung oder Befreiung bedeuten. Es ist dann eigentlich nur noch eine logische Folgerung, die sich aus einer solchen Sicht des menschlichen Lebens ergibt, wenn „Maria, Mutter des Lichtes" als Vorbild dargestellt wird, da sie immer im Blick auf ihren Sohn gelebt hat, da sie mit ihrem „Fiat" ganz auf Gott eingegangen ist, oder wenn Elisabeth zur Meinung kommt, „für den Himmel geboren zu sein" und der Tod nichts anderes als „der große Übergang" ist.

Ein besonderer Hinweis mag noch all den innerlich suchenden und strebenden Menschen gelten: Elisabeth nährt sich in erster Linie von der Heiligen Schrift und sucht und erfährt Gottes Gegenwart vor allem in der Eucharistie und seine Vergebung im Sakrament der Buße. Das, was ihre Ordensheiligen, Teresa von Avila und Johannes vom Kreuz, in ihrer Zeit lebten und lehrten, das sagt Elisabeth auf ihre Weise uns: Echte Frömmigkeit ist nicht Rückzug in sich hinein, Selbstverwirklichung durch Selbstfindung, Verabsolutierung der eigenen innerlichen Erfahrungen oder verbissenes Bemühen darum, und mag das noch so heroisch sein, sondern ist immer Offenheit für Gottes Wort in der Heiligen Schrift und Begegnung mit Gott in den Sakramenten. Nur so wird sie vor Subjektivismus und Abgleiten in religiöse Schwärmerei bewahrt und bleibt offen für die Menschen, und zwar für die in ihrer nächsten Umgebung: Mitschwestern, Familie, Freunde, Ortskirche ... An der Liebe zu den allernächsten Menschen hat sich schon immer die Echtheit der religiösen Erfahrung und der Liebe zu Gott am sichersten gezeigt; das bewahrheitet sich auch wieder an Elisabeth von Dijon.

Ulrich Dobhan OCD

Inhalt

Vorwort zur deutschen Ausgabe
von Ulrich Dobhan OCD 5

1. Ich bin geliebt 13

Jesus, Antlitz der Liebe 14
Die Liebe sucht uns 16
Durch die Taufe: Kinder Gottes 18
Die Größe unserer Berufung 19

2. Das Fest der Drei 23

Bewohnt von der Dreifaltigkeit 24
Der Himmel unsrer Seele 26
Das Wort spricht 28
Ich bete Dich an 29
Der Heilige Geist wird Dir helfen 31

3. Gott ist gegenwärtig 33

Eucharistische Gegenwart 33
Gegenwart Gottes im Nächsten, in der Natur, in jeder Situation 34
Wende dich bewußt Gott zu 36
Mitten in der Welt 37
In jeder Situation 39

4. Dasein für den Nächsten, Dasein für die Kirche . 41

Eine wirkliche „Schwester" 41
Die anderen glücklich machen 43
Ein unsichtbares Apostolat in der Kirche 46

An die Kraft des Gebetes glauben 48
Für Ihn und die anderen leiden 51
Stellvertretend für andere 53

5. *Das innere Gebet* 55

Gespräch mit einem Freund 55
Prüfungen im Gebet 57
Richtig reagieren 58
Das immerwährende Gebet 62
Im Karmel: Gebet als Aufgabe und Berufung 65

6. *Gottes Wunsch: Deine Einheit mit Christus* . . . 67

„Der Abgrund ruft dem Abgrund zu" 67
Gott selbst wird unsre Heiligkeit sein 69
In Christus, mit Christus 71
Der aus Liebe Gekreuzigte 72
Aus Liebe zum Gekreuzigten 74

7. *Die Liebe wird dich umgestalten* 77

Liebe als Lebensideal 78
Was heißt „lieben"? 79
Radikale Hochherzigkeit 83
Ich weihe Dir mein Leben 87

8. *Aszese und Leid: Im Dienst der Liebe* 89

Frei und demütig, um mit Gott leben zu können 89
Innere Einheit, inneres Schweigen 93
Der Sinn des Leidens 96
Innere Haltung beim Leiden 100

9. *Vertrauen auf Gottes Barmherzigkeit* 103

Hingabe und Vertrauen 103
„Gekommen für die Sünder" 105
Was tun mit unsren Fehlern und Sünden? 107
Laß dich lieben! 109

10. „Sakrament" und Apostel sein 111

„Damit meine Freude in euch sei ..." 111
Um die Freude kämpfen 114
„Sakrament" Christi sein 116
Apostolat unter den Menschen unserer Umgebung . . . 119
Schwester der Priester 121

11. Maria, Mutter des Lichtes 123

Die innere Schönheit Marias 123
In der Nachfolge Mariens 125
Anrufung Marias 126
Beständiger Advent 127

12. Für den Himmel geboren 129

Für das Leben danken 129
Der Tod: der große Übergang 130
„Ihm begegnen" 132
„In Deinem Licht werde ich Dich sehen" 134

O mein Gott, Dreifaltigkeit, die ich anbete 137

Abkürzungen 141
Literatur 142

1. Ich bin geliebt

„Es gibt ein Wesen, das die Liebe ist" [vgl. 1 Joh 4, 8.16] (L 327). Hier beginnt alles. Gott existiert, Er liebt, Er liebt uns, Er liebt uns sehr. Für Elisabeth ist dies der Urgrund des Lebens. Alles ist in dieser Gewißheit zusammengefaßt.

Es gibt ein Wort des heiligen Paulus, das gleichsam eine Zusammenfassung meines Lebens ist und mit dem man jeden Augenblick überschreiben könnte: „Propter nimiam caritatem." Ja, all diese Gnadenströme sind, „weil Er mich im Übermaß geliebt hat" [Eph 2, 4, Vulg.] (L 280).

Gott ist ganz Liebe [vgl. 1 Joh 4, 8.16]. Werden wir jemals begreifen, wie sehr wir geliebt werden? (L 191)

Kennst Du wahrhaft deinen Reichtum?
Hast Du je den Abgrund der Liebe ermessen?
Ich will Dir die unsagbar innige Liebe enthüllen,
Die Deine Seele umhüllt bei Tag und bei Nacht
(P 106).

Er ist mein Unendlicher. In Ihm liebe ich, bin ich geliebt und habe ich alles (L 117).

Lassen wir, wenn es möglich ist, unsren Glauben wachsen bis zur Vollendung seiner Liebe. Er ist Vater, und selbst wenn eine Mutter ihr Kind vergäße, Er würde uns nie verlassen [vgl. Jes 49,15] (L 296).

Er liebt Dich heute genauso, wie Er Dich gestern geliebt hat und wie Er Dich morgen lieben wird, selbst wenn Du Ihm Leid zugefügt hast (L 298).

Warum hat Er mich so sehr geliebt? ... Ich fühle mich so klein, so voller Erbärmlichkeit, aber ich liebe Ihn, ich kann nichts anderes mehr tun; ich liebe Ihn mit seiner Liebe, es ist ein doppelter Strom zwischen Dem, der ist, und der, die nicht ist! (L 131)

Ich fühle mich eingehüllt in das Geheimnis der Liebe Christi, und wenn ich zurückschaue, sehe ich geradezu eine göttliche Jagd auf meine Seele; oh, wieviel Liebe! Ich bin wie zu Boden geschmettert von dieser Wucht; dann schweige ich und bete an! ... (L 151)

Jesus, Antlitz der Liebe

Gott ist in Jesus unser menschlicher Bruder geworden. In ihm hat er seine ganze Liebe offenbart. Eines Tages wird Elisabeth gefragt: „Welches Buch haben Sie am liebsten?" Sie antwortet:

Die Seele Christi, sie vermittelt mir alle Geheimnisse des Vaters (NI 12).

O unbegreifliches Geheimnis!
Jesus, der Starke, der Allmächtige,
Der verborgene, unerreichbare Gott
wird um unseretwillen ein Kind (P 96).

Ich begegne Dir unter dem Blick des Meisters. Bleiben wir ganz nahe bei Ihm, bringen wir Ihm alle unsre leiblichen und seelischen Nöte, so wie einst die Kranken aus ganz Judäa zu Ihm kamen: Immer noch wird eine „geheimnisvolle Kraft" [vgl. Lk 6,19] vom Meister ausgehen, und selbst wenn wir es nicht spüren, werden wir an sein Handeln glauben, das reine Liebe ist (L 301).

Wenn Sie die Last Ihres Körpers spüren und Sie dies innerlich niederdrückt, verlieren Sie den Mut nicht, sondern gehen Sie im Glauben und in der Liebe zu Dem, der gesagt hat: „Kommt zu mir, ich will euch erquicken" [Mt 11,28] (L 249).

Einige Tage vor ihrem Tod drückt Elisabeth ihr Profeßkreuz an ihr Herz und sagt:

Wir haben uns so sehr geliebt! (S 246)

Wandle in Jesus Christus [vgl. Kol 2,6]: Du brauchst diesen breiten Weg, Du bist nicht für die engen irdischen Pfade geschaffen! (GV 10)

In Jesus Christus leben scheint mir zu bedeuten: aus sich selbst herausgehen, sich aus dem Blick verlieren, sich selbst verlassen, um jeden Augenblick tiefer in Ihn einzugehen, so tief, daß man in Ihm *verwurzelt* ist [Kol 2,6.7] und in jeder Lage allem dieses schöne Wort entgegenhalten kann: „Was kann mich scheiden von der Liebe Christi?" [vgl. Röm 8,35] (DR 33).

Wenn wir treu aus seinem Leben leben, wenn wir ganz einfach übereinstimmen mit allen inneren Regungen des Gekreuzigten, dann brauchen wir unsre Schwächen nicht mehr zu fürchten; denn dann wird Er unsre Kraft sein [vgl. 2 Kor 12,9.10], und wer kann uns Ihm entreißen? (L 156)

Die Liebe sucht uns

Unsere Antwort ist Gott nicht gleichgültig! Er verlangt ... Er sucht ...

Er steht an der Tür Deines Herzens ... Er wartet ... Öffne Ihm! [vgl. Offb 3,20] (L 174)

Er ist ganz nah bei Dir, seine Liebe umgibt Dich von allen Seiten. Er will in jedem Augenblick Dein Freund sein. Er wird Dir helfen bei der Aufgabe, die Du zu erfüllen hast (L 212).

Öffnen wir uns, um Ihn zu empfangen. Und lassen wir Ihn nicht allein in diesem Heiligtum unsrer Seele; denken wir bei allem daran, daß Er da ist und daß Er unsre Liebe braucht (L 149).

Durch alles hindurch wollen wir immer mit diesem menschgewordenen Wort in Verbindung sein, mit Jesus, der in uns wohnt. Immer ist Er lebendig, immer ist Er in unsrer Seele am Wirken; lassen wir uns von Ihm auferbauen. Er soll die Seele unsrer Seele und das Leben unsres Lebens sein, damit wir mit dem heiligen Paulus sagen können: „Für mich ist Christus das Leben" [Phil 1,21] (L 145).

Je mehr man Gott schenkt, um so mehr schenkt auch Er sich. Das begreife ich jeden Tag besser (L 236).

Glaube fest, daß Er in seiner Liebe seine Pläne mit Dir hat. Wenn Er so viele Opfer von Dir verlangt, so tut Er dies, um Dir viel zu schenken (L 154).

In ihrer Jugend glaubte sie einmal Jesus sagen zu hören:

Ich will dein Herz, ich liebe es, ich habe es für mich erwählt. Ich warte auf den Tag, da du mir ganz gehörst. Bewahre mir dein Herz! (J 124)

Ich verstehe, daß Du ein Ideal brauchst, d. h. etwas, das Dir aus Dir selbst heraushilft, um Dich in die Höhe zu reißen. Aber schau, es gibt nur *ein* Ideal, und das ist *Er,* Er ist das *einzig wahre Ideal!* Ach, würdest Du Ihn nur ein wenig so kennen, wie Deine Sabeth Ihn kennt! Er ist *faszinierend,* Er reißt mit, unter seinem Blick wird der Horizont so schön, so weit, so leuchtend ... Siehst Du, ich liebe Ihn leidenschaftlich, und in Ihm habe ich alles! Mit seinen Augen, in seinem Licht muß ich alles betrachten, an alles herantreten! Willst Du Dich mit mir diesem höchsten Ideal zuwenden? Es ist kein Traumbild, sondern Wirklichkeit! (L 128)

Das Leben ist etwas Ernstes: Jede Minute ist uns geschenkt, um uns tiefer in Gott zu „verwurzeln", wie der heilige Paulus sagt [Kol 2, 7], damit die Ähnlichkeit mit unserem göttlichen Vorbild größer und die Vereinigung inniger sei. Aber zur Verwirklichung dieses Plans, der von Gott selber ist, ist dieses Geheimnis der Schlüssel: sich vergessen, sich verlassen, sich selbst nicht beachten, den Meister anschauen, nur Ihn anschauen, gleichermaßen Freude und Leid als unmittelbar von seiner Liebe kommend annehmen. Das bringt die Seele in so lichte Höhen! ... (L 333)

Durch die Taufe: Kinder Gottes

Durch das Sakrament, das Christus seiner Kirche anvertraut hat, wurden wir eingetaucht in die Lebendige Liebe.

Kann Gott zu unsrer Seele nicht sagen, was Er einst durch die Stimme seines Propheten sagte: „Da kam ich an dir vorüber und sah dich, und siehe, deine Zeit war gekommen, die Zeit der Liebe. Ich breitete meinen Mantel über dich. Ich leistete dir den Eid und ging mit dir einen Bund ein, und du wurdest mein" [Ez 16, 8]. Ja, durch die Taufe sind wir sein Eigen geworden, das will der heilige Paulus mit den Worten sagen: „... die hat er berufen" [Röm 8, 30]; ja, berufen, das Siegel der hl. Dreifaltigkeit zu empfangen; wir wurden, um in der Sprache des heiligen Petrus zu sprechen, „Teilhaber an der göttlichen Natur" [vgl. 2 Petr 1, 4] (CF 26).

Gerade habe ich beim heiligen Paulus herrliche Dinge über das Geheimnis der Gotteskindschaft gelesen. Natürlich habe ich an Dich gedacht; es wäre ja verwunderlich, wenn es anders gewesen wäre: Du, die Du Mutter bist und weißt, welch tiefe, innige Liebe zu Deinen Kindern der liebe Gott Dir ins Herz gelegt hat, Du kannst die Größe dieses Geheimnisses erfassen: Kinder Gottes, meine Schwester, läßt Dich das nicht erbeben? (L 239)

Im Glauben machen wir uns diese Wirklichkeit, die Gott uns offenbart hat, zu eigen.

O Mama, ich muß Dir sagen, daß mein Glück immer größer wird; es nimmt ungeheure Ausmaße an wie Gott selbst, und es ist ein so stilles, so sanftes Glück. Ich möchte Dir mein Geheimnis mitteilen! Der heilige Petrus sagt in seinem ersten Brief: „Weil ihr *glaubt,* jubelt ihr in unsagbarer Freude" [1 Petr 1,8]. Ich glaube, die Karmelitin schöpft in der Tat ihr ganzes Glück aus dieser göttlichen Quelle, dem Glauben. Sie glaubt, wie der heilige Johannes sagt, „an die Liebe, die Gott zu ihr hat" [vgl. 1 Joh 4,16]. Sie glaubt, daß eben diese Liebe Ihn auf die Erde ... und in ihre Seele gezogen hat; denn Er, der sich die Wahrheit genannt hat [Joh 14,6], hat im Evangelium gesagt: „Bleibt in mir, und ich bleibe in euch" [Joh 15,4]. Und sie gehorcht ganz einfach dem so beglückenden Gebot und lebt in der innigen Vertrautheit mit dem Gott, der in ihr wohnt, der ihr näher ist als sie sich selbst. All dies ist nicht eine Sache des Gefühls oder der Einbildung, sondern des reinen Glaubens (L 236).

Sei *fest im Glauben* [Kol 2,7], d. h. handle nur unter dem starken Licht Gottes, niemals nach den äußeren Eindrücken und der eigenen Vorstellung (GV 11).

Die Größe unserer Berufung

Elisabeth ist stolz darauf, daß sie Kind Gottes, getauft und Christin ist, und sie weiß um ihre Verantwortung! Oft wiederholt sie: „Wie reich sind wir, welche Größe haben wir!"

Wie reich sind wir an Gottes Gaben, wir, die wir im voraus zur Gotteskindschaft und folglich auch zu Erben seiner Herrlichkeit bestimmt sind [Eph 1,5; 1,14.18]! „In Ihm hat Er uns auserwählt vor Grundlegung der Welt, daß wir heilig und unbefleckt vor Ihm seien in Liebe" [Eph 1,4, Vulg.]. Dazu also sind wir durch einen „Ratschluß Gottes", wie der Apostel sagte, berufen (L 238).

Ich habe tiefes Mitleid mit den Seelen, die nicht höher leben als die Erde und ihre Banalitäten. Ich halte sie für Sklaven, und ich möchte ihnen sagen: Werft dieses Joch ab, das euch niederdrückt! Was wollt ihr mit diesen Banden, die euch selber fesseln – an Dinge, die geringer sind als ihr [vgl. Johannes vom Kreuz, Das Lied der Liebe 39, 7]? (GV 6)

Diese ganze göttliche Welt ist mein, sie ist die Mitte, in der ich leben muß. Wenn du wüßtest, wie glücklich ich bin! Höre nur, was Er sagt: „Wer den Willen meines Vaters erfüllt, der ist für mich Vater, Mutter, Bruder und Schwester" [vgl. Mt 12, 50] (L 143).

Unser Wesen ist zu reich, als daß ein Geschöpf es begreifen könnte. Behalten wir es ganz Ihm vor! (L 307)

Diese realistische Sicht kommt dem zu, der weiter blickt!

Da Er immer bei mir ist, darf das Gebet, das Leben Herz an Herz nie enden! Er hat mein Herz mit einem so großen Durst nach dem Unendlichen und einem so starken Bedürfnis zu lieben erfüllt, daß nur Er allein es stillen kann. Ich gehe also zu Ihm wie ein kleines Kind zu seiner Mutter, damit Er mich ganz erfülle, und ganz durchdringe (L 169).

Die Liebe ist etwas Unendliches, und bei etwas Unendlichem kann man immer noch weitergehen! (L 192)

Die Treue, die der Meister von Ihnen verlangt, besteht darin, mit Ihm, der die Liebe ist, verbunden zu sein und sich in dieser Liebe zu verlieren und zu verwurzeln, die Ihre Seele mit dem Siegel seiner Macht und seiner Größe zeichnen will. Sie werden nie oberflächlich sein, wenn Sie wach sind in der Liebe! (LA 6)

Glaube an seine Liebe, an seine *übergroße Liebe,* wie der heilige Paulus sagt [Eph 2, 4, Vulg.]; nähre Deine Seele mit den hohen Gedanken des Glaubens, der ihr ihren ganzen Reichtum und das Ziel enthüllt, zu dem Gott sie geschaffen hat! (GV 11)

2. Das Fest der Drei

Elisabeth wurde von dem Geheimnis der drei göttlichen Personen ergriffen, vor allem von dem „anbetungswürdigen Geheimnis der Liebe", das ihr reines Sich-Verschenken enthüllt und uns erlaubt, in den vertrauten Umgang mit ihnen zu treten.

Die Dreifaltigkeit ist unsre Wohnung, unser „Zuhause", das Vaterhaus, das wir nie verlassen dürfen (CF 2).

Ich liebe meinen Namen so sehr, er sagt mir meine ganze Berufung aus. Wenn ich über ihn nachdenke, wird meine Seele bei der großen Schau des Geheimnisses aller Geheimnisse fortgerissen in diese Dreifaltigkeit ... Daß der gute Gott uns durch unsre Berufung dazu bestimmt, in dieser heiligen Klarheit und Reinheit zu leben! Welch anbetungswürdiges Geheimnis der Liebe! Ich möchte meine Antwort darauf geben, indem ich auf Erden wie die heilige Jungfrau „all diese Dinge in meinem Herzen bewahre" [Lk 2, 19.51] und mich sozusagen auf dem Grund meiner Seele begrabe [vgl. Kol 2, 12], um mich in der Dreifaltigkeit zu verlieren, die dort wohnt, um mich in Sich umzuwandeln. Dann wird mein Wahlspruch, „mein leuchtendes Ideal", wie Sie gesagt haben, Realität, dann wird es wohl eine *Elisabeth von der Dreifaltigkeit!* (L 185)

Die Dreifaltigkeit ist schon hier auf Erden unsre Klause, unsre Wohnstätte, das Unendliche, in dem wir uns durch alles hindurch bewegen können (L 185).

Bewohnt von der Dreifaltigkeit

Die wesentliche und fundamentale Botschaft Jesu gelangt nur langsam in die Tiefe und läßt sich nur allmählich ins Leben umsetzen, so unglaublich ist sie: Die ganze Dreifaltigkeit ist bei uns, in uns und um uns gegenwärtig! Jede der göttlichen Personen selbst! Mit besonderer Liebe für jeden einzelnen. Denn jeder einzelne ist einzig in den Augen Gottes. Darüber konnte Elisabeth nicht schweigen. Ohne Unterlaß gab sie diese Botschaft immer wieder an ihre Familie und ihre Freunde in der Welt weiter.

„In deinem Haus muß ich heute bleiben!" [Lk 19, 5] Mein Meister spricht diesen Wunsch aus! Mein Meister, der mit dem Vater und seinem Geist der Liebe in mir wohnen will, damit ich, gemäß den Worten des vielgeliebten Jüngers, „Gemeinschaft" [1 Joh 1, 3] mit Ihnen habe (DR 43).

Am Morgen wurde mir auf dem Grund meiner Seele dieses Wort gesagt: *„Wenn jemand mich liebt, wird er an meinem Wort festhalten; mein Vater wird ihn lieben, und wir werden zu ihm kommen und bei ihm wohnen."* [Joh 14, 23] Und im gleichen Augenblick sah ich, wie wahr das ist. Ich könnte nicht sagen, wie sich die drei göttlichen Personen offenbart haben; aber dennoch sah ich sie, wie sie in mir ihren Liebesrat hielten, und mir scheint, daß ich sie immer noch in dieser Weise sehe. Oh, wie groß ist Gott, und wie sehr sind wir geliebt! (S 213)

„Vater unser im Himmel..." [Mt 6,9]. In diesem kleinen Himmel, den Er sich in der Mitte unsrer Seele geschaffen hat, müssen wir Ihn suchen und müssen vor allem dort bleiben (CF 32).

Das Feuer der Liebe brennt in uns; es ist niemand anderes als der Heilige Geist, dieselbe Liebe, die in der Dreifaltigkeit das Band zwischen dem Vater und seinem Wort ist (CF 14).

Auf dem Grund meiner Seele, dort, wo der Heilige Geist wohnt, sammle ich mich und ziehe mich dorthin zurück (L 226).

Sie können Ihn nicht so oft empfangen, wie Sie es wünschen, und ich verstehe Ihr Opfer so gut. Aber denken Sie daran, daß seine Liebe auch so zu Ihnen gelangen kann: Seien Sie den ganzen Tag innerlich mit Ihm vereint, Er lebt ja in Ihrer Seele. Hören Sie, was unser Vater, der heilige Johannes vom Kreuz, sagt...: „O schönstes aller Geschöpfe, Seele, die du dich so sehr danach sehnst, den Ort zu erfahren, wo dein Geliebter weilt, um ihn zu suchen und dich mit ihm zu vereinen, dir wird nun gesagt, daß du selbst die Herberge bist, in der er wohnt, und der geheime Ort, an dem er sich verbirgt... Er, dein einziges Gut und deine einzige Hoffnung, ist dir so nah, daß er in dir ist, oder besser gesagt, daß du nicht ohne ihn sein kannst" [Johannes vom Kreuz, Das Lied der Liebe 1,7] (L 136).

Du kannst meiner Lehre glauben, denn sie ist nicht von mir; wenn du das Evangelium nach Johannes liest, wirst du sehen, wie der Meister jeden Augenblick auf dieses Gebot dringt: „Bleibt in mir, und ich bleibe in euch" [Joh 15,4] (L 273).

Das Dreifaltigkeitsfest ist ganz mein Fest, für mich gibt es keines, das diesem gleich ist ... Es ist ein Fest der Stille und der Anbetung. So gut habe ich noch nie dieses Geheimnis und die ganze Berufung verstanden, die in meinem Namen enthalten ist (L 113).

Der Himmel unsrer Seele

Dieses Bild liebt Elisabeth sehr! Durch den Schleier des Glaubens hindurch kann sie die drei göttlichen Personen in ihrem Innern finden und sich tief an ihrer Gegenwart erfreuen.

Mir scheint, ich habe meinen Himmel auf Erden gefunden, denn der Himmel ist Gott, und Gott ist in mir. An dem Tag, da ich dies verstanden habe, ist in mir alles hell geworden, und ich möchte dieses Geheimnis ganz leise allen mitteilen, die ich liebe, damit auch sie, durch alles hindurch, immer Gott anhangen, und damit sich das Gebet Christi erfüllt: „Vater, sie sollen eins sein!" [Joh 17,23] (L 122)

Hat Er nicht dem, der an seinem Wort festhält, dieses Versprechen gegeben: „Mein Vater wird ihn lieben, und wir werden zu ihm kommen und *bei ihm* wohnen" [Joh 14,23]? Die gesamte Dreifaltigkeit wohnt in den Menschen, die Ihn in Wahrheit lieben, d. h. die seine Gebote halten! Und wenn eine solche Seele ihren Reichtum erkannt hat, laden alle natürlichen und übernatürlichen Freuden, die ihr vonseiten der Geschöpfe oder vonseiten Gottes selbst zukommen können, sie nur dazu ein, in sich selbst einzukehren, um sich an dem wahrhaften Gut zu erfreuen, das sie besitzt und das niemand anderes als Gott selbst ist (DR 28).

Manchmal denke ich, daß es ein vorweggenommener Himmel ist: Der Horizont ist so schön, es ist Er! Was wird erst dort oben sein, wenn Er sich schon hier auf Erden so innig mit uns vereint? Schon lebe ich in diesem Himmel, weil ich ihn in mir trage (L 111).

Denk daran, daß Du ein Tempel Gottes bist. Der heilige Paulus sagt dies [vgl. 1 Kor 3, 16–17; 2 Kor 6, 16]. In jedem Augenblick, bei Tag und bei Nacht, wohnen die drei göttlichen Personen in Dir. Du hast nicht die heilige Menschheit in Dir wie bei der heiligen Kommunion; sondern die Gottheit, diese Wesenheit, die die Seligen im Himmel anbeten, ist in Dir. Wenn man dies weiß, lebt man in einer ganz wunderbaren Vertrautheit mit Ihm. Man ist nie mehr allein! (L 273)

Bei allem, mitten in Deinen Sorgen als Mutter, während Du ganz für die kleinen Engel da bist, kannst Du Dich in diese Einsamkeit zurückziehen, um Dich dem Heiligen Geist auszuliefern, damit Er Dich in Gott verwandelt und Dir das Bild der göttlichen Schönheit einprägt, damit der Vater, wenn Er sich Dir zuneigt, nur noch seinen Christus sieht und sagen kann: „Dies ist meine geliebte Tochter, an der ich mein Wohlgefallen habe" [Mt 3, 17] (L 239).

Leben wir mit Gott wie mit einem Freund, haben wir lebendigen Glauben, um durch alles hindurch mit Ihm vereinigt zu sein; das ist es, was heilig macht. Wir tragen unseren Himmel in uns, denn Derjenige, der die Seligen im Lichte der Anschauung sättigt, schenkt sich uns im Glauben und im Geheimnis; es ist der gleiche! (L 122)

Das Wort spricht

Gott will uns ganz nahe und vertraut sein, und Er will uns zu Werkzeugen seiner Liebe in dieser Welt machen. Nichts ist wichtiger, als zu hören, was Gott will.

Unser Leben soll sich in Ihm abspielen. Werden wir ganz still, um Ihn zu hören. Er will uns soviel sagen ... (L 164)

„Ich stehe vor der Tür und klopfe an. Wer meine Stimme hört und die Tür öffnet, bei dem werde ich eintreten, und wir werden Mahl halten, ich mit ihm und er mit mir" [Offb 3,20]. Glücklich die Ohren eines Menschen, der wach und gesammelt genug ist, um diese Stimme des Wortes Gottes zu hören, und glücklich die Augen dieses Menschen, der im Licht lebendigen und tiefen Glaubens die Ankunft des Meisters in seinem innersten Heiligtum erleben darf (CF 17).

Ich möchte ganz verfügbar sein, und mein Glaube soll ganz wach sein, damit der Meister mich überallhin mitnehmen kann, wohin Er will. Ich möchte ständig bei Ihm verweilen, der das ganze Geheimnis Gottes kennt, um alles von Ihm zu erfahren (L 165).

Um dieses ganz geheimnisvolle Wort zu vernehmen, darf man nicht sozusagen an der Oberfläche stehenbleiben, sondern muß sich sammeln und auf diese Weise immer tiefer in das göttliche Wesen eindringen (CF 4).

Ich möchte mein Leben damit verbringen,
O Wort, nur Dir zu lauschen,
Ich möcht von Dir ganz durchdrungen sein
Und nur mehr lieben können.

Ja, ich möchte ganz horchend sein,
Voll Frieden in meinem Glauben,
In allem anbetend vor Dir stehn
Und nur mehr aus Dir leben (P 88).

Durch seinen Propheten hat der Herr gesprochen: „Ich will sie in die Wüste führen und ihr zu Herzen reden" [Hos 2, 16]. Die Seele ist in die weite Einsamkeit getreten, in der Gott zu ihr sprechen will (DR 27).

O ewiges Wort, Wort meines Gottes, ich möchte mein Leben damit verbringen, auf Dich zu hören. Ich will ganz offen und gelehrig sein, um alles von Dir zu lernen (NI 15).

Ich bete Dich an

Schweigen, um zu hören. Schweigen, um anzubeten. Gott ist groß! Doch in seiner Größe ist Er die Liebe. Bei ihrer Ordensprofeß sagt Elisabeth:

Ich möchte, daß dies der Beginn eines Aktes der Anbetung ist, der nie mehr in meiner Seele endet (L 150).

Christus sagte einst zur Samariterin am Jakobsbrunnen, daß der Vater wahre Anbeter im Geist und in der Wahrheit wolle [vgl. Joh 4, 23]. Seien wir solche echten Anbeter, um sein Herz zu erfreuen! Beten wir Ihn an im *„Geist"*, d. h. richten wir Herz und Gedanken immer auf Ihn, und seien wir durch das Licht des Glaubens im Geist erfüllt von seiner Erkenntnis. Beten wir Ihn an in der *„Wahrheit"*, d. h. durch unsre Werke; denn vor allem die Taten machen uns wahrhaftig. Das bedeutet, immer das zu tun, was dem Vater gefällt, dessen Kinder wir sind.

Und „beten wir Ihn an im Geist und in der Wahrheit", d. h. *durch* Jesus Christus und mit Jesus Christus, denn Er allein ist der wahre Anbeter im Geist und in der Wahrheit (CF 33).

Anbetung! In diesem Wort klingt der ganze Himmel mit! Ich glaube, man kann Anbetung definieren als „Liebesekstase". Es ist eine Liebe, die überwältigt ist von der Schönheit, der Kraft, der unendlichen Größe des geliebten Gottes (...) in völligem, tiefem Schweigen – in dem Schweigen, über das David ausrief: „Die Stille ist dein Lobpreis! ..." [Ps 65,1] (DR 21)

„Betet den Herrn an, denn Er ist heilig" [Ps 98,9, Vulg.], sagt ein Psalm. Und in einem anderen heißt es: „Man betet allzeit an um seinetwillen" [Ps 71,15, Vulg.]. Wer diese Gedanken in sich einläßt (...), weiß, daß Der, den er anbetet, alles Glück und alle Herrlichkeit in Sich enthält. Wie die Seligen legt er vor Ihm „seine Krone nieder" [vgl. Offb 4,10], achtet sich selbst für gering, verliert sich selbst aus dem Blick und findet seine Seligkeit inmitten von Schmerz und Leid in der Seligkeit des Wesens, das er anbetet. Denn er hat sich selbst verlassen, er ist in einen Anderen *„übergegangen"* (DR 21).

Bitten Sie die Königin des Karmel, *unsre Mutter,* Sie in tiefer innerer Sammlung Jesus anbeten zu lehren ... (L 136).

Ich bin ein Lob von Gottes Herrlichkeit, und im Himmel seiner Seele beginnt dieses Lob der Herrlichkeit bereits die Aufgabe zu erfüllen, die es in der Ewigkeit hat. Sein Gesang kennt keine Unterbrechung, denn es untersteht dem Heiligen Geist, der alles in ihm bewirkt. Es ist sich dessen zwar nicht immer bewußt, weil die Schwäche seiner Natur es ihm nicht möglich macht, immer auf Gott ausgerichtet zu sein, ohne sich zu zerstreuen. Aber dennoch singt es immer und betet ständig an. Es ist sozusagen ganz Lob und Liebe geworden, ganz Leidenschaft für die Ehre seines Gottes (CF 44).

Der Heilige Geist wird Dir helfen

Der Vater sendet seinen Sohn. Jesus sendet seinen „Geist der Liebe und des Lichtes..." (L 214). Wir stehen der uns gestellten Aufgabe nie allein gegenüber. Voll Vertrauen bitten wir den Geist Jesu Christi, uns zu helfen ...

Den Heiligen Geist, der als einziger weiß, was in Gott ist, wie der Apostel sagt [1 Kor 2, 10.11], will ich darum bitten, Sie in die unermeßlichen Tiefen des göttlichen Wesens eingehen zu lassen (L 274).

Ich bitte den Heiligen Geist, Dir zu zeigen, daß Gott in Dir gegenwärtig ist (L 273).

Elisabeth war noch keine achtzehn Jahre alt, als sie dieses Gebet niederschrieb:

Mit Deinen brennenden und reinen Flammen,
o Heiliger Geist, meine Seele entflamme!
Verzehr sie mit Deiner göttlichen Liebe,
o Du, zu dem ich täglich rufe! ...

Geist des Herrn, Du leuchtendes Feuer,
Du, der Du mich mit Gnaden überhäufst,
Du, der Du mich beglückend erfüllst,
Verbrenne mich, vernichte mich ganz!

Heiliger Geist, Güte, höchste Schönheit Du!
O Du, den ich anbete, Du, den ich liebe!
Verzehre mit Deinen göttlichen Flammen
Diesen meinen Leib, mein Herz, meine Seele!
Diese Braut des dreifaltigen Gottes,
Die nur verlangt, Seinen Willen zu tun! ... (P 54)

3. Gott ist gegenwärtig

Elisabeth sucht Gott nicht nur im Himmel ihrer Seele. Alles spricht ihr von Ihm! „Er ist immer und überall und in allem!" (L III)

Eucharistische Gegenwart

Mir scheint, daß nichts die Liebe des göttlichen Herzens mehr zum Ausdruck bringt als die Eucharistie: Da ist Er in uns, und wir sind in Ihm (L 165).

Die Stunden in diesem kleinen Stückchen Himmel, in dem wir unter der Gestalt der einfachen Hostie wesenhaft Gott schauen, sind wundervoll. Ja, es ist Derselbe, den die Heiligen unverhüllt schauen und den wir im Glauben anbeten (L 165).

Eine Freundin berichtet:

Als wir etwa dreizehn oder vierzehn Jahre alt waren, beeindruckte mich am meisten an ihr, daß sie ein so brennendes Verlangen nach der heiligen Kommunion hatte. Sie dachte nur noch an die Tage, an denen sie den Herrn empfangen durfte, zählte sie auf, redete mit mir darüber, sooft wir uns begegneten, und steigerte mein Verlangen nach dem Herrn, indem sie mir das ihrige mitteilte. In der Kirche schien ihr die Zeit immer zu schnell vorbeizugehen; sie war ganz ins Gebet vertieft; wenn man sie so sah, fühlte man sich zu Gott hingezogen.

O mein Gott, Dich täglich zu empfangen und von einer Kommunion zur andern in Vereinigung mit Dir, in Deiner vertrauten Nähe zu leben, ist der Himmel auf Erden! Ich kenne meine Schwachheit, meine Schlechtigkeit, aber bist Du nicht der Bringer des Lebens? Herr, bist Du nicht meine ganze Kraft und meine ganze Stärke? (J 150)

Und welches Zeugnis gibt sie wenige Monate vor ihrem Tod!

Nun hat die große Oktav zum Fronleichnamsfest begonnen. Dieses Jahr haben wir wieder das Allerheiligste in der Kapelle. Ich habe immer so gern Stunden, ja ganze Tage dort verbracht ... Aber noch lieber ist mir der Wille meines geliebten Meisters. Für mich gibt es nun keine Opfer mehr. Wenn ich nicht zu Ihm hingehen kann, kommt Er zu mir, um mein Inneres mit mütterlicher Zärtlichkeit zu umfangen ... (L 285)

Gegenwart Gottes im Nächsten, in der Natur, in jeder Situation

Ich bin ihr so dankbar, daß sie meine Mama so gut pflegt; sie pflegt den Meister selbst in Dir! (L 301)

Ich umarme Sie, oder besser: Ich umarme Ihn in Ihnen! (L 57)

Bei der Geburt ihrer kleinen Nichte schreibt sie voll Freude:

Ich bin ganz durchdrungen von Ehrfurcht vor diesem kleinen Tempel der Heiligsten Dreifaltigkeit; seine Seele kommt mir vor wie ein Kristall, der den guten Gott widerstrahlt. Und wenn ich bei der Kleinen wäre, würde ich mich hinknien, um Den anzubeten, der in ihr wohnt (L 197).

Die ganze Natur scheint mir so voll von Gott zu sein: der Wind, der durch die hohen Bäume weht, die Vögel, die singen, der schöne blaue Himmel, all das erzählt mir von Gott (L 236).

Die heilige Teresa sagt, daß die Seele einem Kristall gleicht, in dem sich die Gottheit widerspiegelt [Teresa von Avila, Innere Burg, 1. Wohnung 1,1]. Diesen Vergleich habe ich sehr gern. Und wenn ich sehe, wie die Sonne unsre Gänge in ihr Licht taucht, denke ich, daß Gott ebenso eine Seele erfüllt, die nur Ihn sucht! (L 136)

Habt viel Freude an diesem schönen Land! Die Natur führt zu Gott. Ich hatte die Berge immer so gern, sie erzählten mir von Ihm. Aber seht, meine Lieben, im Karmel ist das Blickfeld noch viel schöner, man schaut den Unendlichen! ... Und in Gott habe ich alles: alle Täler, alle Seen, freien Blick auf alles! (L 87)

Im Glauben sieht Elisabeth in allem eine Einladung, ein Zeichen, ein Dasein Gottes.

Jeder Vorfall, jedes Ereignis, jedes Leid und jede Freude sind ein Sakrament, das Gott uns schenkt (CF 10).

Wird uns nicht alles aus Liebe geschenkt? Ist es nicht immer Er, der uns Freude oder Schmerz, Gesundheit oder Krankheit, Trost oder Kreuz anbietet? (L 53)

Betrachten Sie jedes Leid und jede Freude als unmittelbar von Ihm kommend. Dann wird Ihr Leben gleichsam eine ständige Kommunion sein, weil alles gleichsam ein Sakrament wird, das Gott Ihnen schenkt (L 264).

Wende dich bewußt Gott zu

Gott ist immer und überall anwesend, aber Ihm zu begegnen ist nicht immer selbstverständlich. Wir leben so sehr an der schönsten Wirklichkeit, die es gibt, vorbei ... Wir müssen wach werden für Gott, Ihn erkennen, uns der Wirklichkeit seines Daseins öffnen. Elisabeth rät uns zu regelmäßigen Zeiten der Sammlung und inneren Einkehr, in denen wir innerlich still werden und uns bewußt dem gegenwärtigen Gott zuwenden.

Lebe bewußt mit Ihm in Deinem Innern! Sammle und besinne dich immer wieder auf seine Gegenwart! (L 295)

Arme Mama, ich verstehe, daß Du Dich an diesen früher so frohen Festtagen einsam fühlst. Aber wenn Du *wüßtest,* wie sehr Er, *Er selbst,* danach *verlangt,* Dein Freund, Dein Vertrauter zu werden und wie sehr Er Dein Leben mit seiner göttlichen Gegenwart erfüllen will ... (L 189)

Gib Ihm alles, was Dich innerlich verwundet, vertrau Ihm alles an. Denk daran, daß Tag und Nacht jemand in Dir ist, der Dich nie allein läßt (L 159).

Leben wir mit Ihm wie mit einem Freund, von dem man sich nicht trennen kann (L 280).

Du mußt Dir wie ich in Deinem Innern eine kleine Zelle bauen. Du mußt denken, daß der liebe Gott dort ist, und mußt von Zeit zu Zeit dort hineingehen. Wenn Du Deine Nerven verspürst, wenn Du traurig bist, geh schnell dorthin und vertrau alles Deinem Meister an (L 123).

Während des Tages denke öfters an Den, der in Dir lebt und so sehr danach dürstet, geliebt zu werden (L 93).

Mitten in der Welt

Gott begegnen, oft und bewußt in seiner Gegenwart verweilen, das ist nicht nur Ordensleuten vorbehalten ... Immer wieder fordert Elisabeth ihre Freunde in der Welt dazu auf.
Sie selbst hatte in ihrer Jugend so gelebt. Um Gott zu begegnen, ist keine „äußerliche Trennung von den Dingen", sondern vor allem „eine Einsamkeit des Geistes" notwendig (CF 7).

„Nur eines ist notwendig. Maria hat den besten Teil erwählt, der soll ihr nicht genommen werden" [Lk 10, 42]. Den besten Teil, der in meiner vielgeliebten Einsamkeit des Karmels mein Vorrecht zu sein scheint, bietet Gott jedem Getauften an! Er bietet ihn auch Ihnen an, inmitten der Mühen und Sorgen, die Sie als Mutter haben. Glauben Sie mir: Er will nichts anderes, als Sie immer tiefer in Sich hineinzunehmen. Überlassen Sie sich Ihm mit all Ihren Sorgen (L 129).

Auch die Ehe ist eine Berufung. Wie viele Heilige haben Gott in der Ehe verherrlicht, besonders meine geliebte Namenspatronin, die heilige Elisabeth! (L 242)

Beunruhige Dich nicht, wenn Du wie jetzt so sehr in Anspruch genommen bist und nicht alles tun kannst, was Du Dir vorgenommen hast: Auch mitten in der Arbeit kannst Du zu Gott beten; es genügt, einfach an Ihn zu denken. Dann geht alles mühelos und leicht, weil man nicht mehr allein handeln muß und Jesus da ist (L 93).

Sie möchten auch in der Welt ganz Ihm gehören. Das ist so einfach: Er ist immer bei Ihnen; seien auch Sie immer bei Ihm, bei allem, was Sie tun, inmitten des Leides, wenn Sie sich wie zerschlagen fühlen: Bleiben Sie unter seinem Blick! Glauben Sie, daß Er da ist und in Ihnen *lebt!* (L 138)

Sie haben an ihrem Leiden wohl sehr schwer zu tragen, da es Sie auf die Dauer niederdrückt und Sie keine Kraft mehr haben. Bleiben Sie in solchen Momenten einfach ganz nah beim Gekreuzigten, und ihr Leiden wird zum besten Gebet (L 207).

Als Mädchen betete sie:

Wenn ich an diesen Zusammenkünften und Festen teilnehme, ist es mein Trost, mich innerlich zu sammeln und mich an Deiner Gegenwart zu erfreuen, denn ich nehme Dich so deutlich in mir wahr ... Bei diesen Zusammenkünften denkt man kaum an Dich, und mir scheint, daß es Dich glücklich macht, wenn ein obgleich so armes und erbärmliches Herz wie das meine Dich nicht vergißt! (J 138)

Selbst mitten in der Welt kann man in der Stille des Herzens, das nur Ihm gehören will, Ihn hören! (L 38)

In jeder Situation

Trotz ihrer Eintönigkeit sind unsre Tage so vielgestaltig! Jeder Tag kennt seine Überraschungen, seine Prüfungen, ist geprägt von so vielen Ereignissen ... Die tägliche Pflicht drängt, wir sind von Arbeit überhäuft ... Bleiben wir offen und horchend, um Gott in alldem zu finden! Besinnen wir uns immer wieder, damit wir ihn wahrnehmen und seine bleibende Gegenwart entdecken können!

Wenn Du im Zug unterwegs bist, versäume nicht zu beten. Dies ist eine sehr günstige Gelegenheit dazu (L 287).

Leben Sie mit Ihm, wo immer Sie sind, was immer Sie tun (L 291).

Ich glaube, wir dürfen niemals „rein natürlich" handeln ... Wir müssen uns bewußt werden, daß Gott in unserm Innersten lebt, und alles mit Ihm zusammen tun. Dann ist man nie banal, selbst wenn man die alltäglichsten Dinge tut, weil man nicht bei diesen Dingen stehen bleibt, sondern über sie hinausgeht! (GV 8)

Wie sehr können wir doch die kleinsten Dinge heiligen, das gewöhnlichste Tun im Alltag in göttliches Tun umwandeln! (L 309)

Mein Meister beauftragt mich, Ihnen zu sagen, daß Sie ganz nah bei Ihm, ganz *in Ihm* leben sollen. Dann kann keine äußere Tätigkeit und keine innere Unruhe mehr zum Hindernis werden; Er wird Sie dann frei machen. Schauen Sie Ihn an, lieben Sie Ihn! (L 281)

Egal welche Tätigkeit Er von mir will: Da Er immer bei mir ist, darf das Gebet, das Leben Herz an Herz nie enden! (L 169)

Schließen wir uns darin zusammen, aus jedem Tag eine ununterbrochene Communio zu machen: Wachen wir am Morgen in seiner Liebe auf; liefern wir uns den ganzen Tag seiner Liebe aus, indem wir den Willen des guten Gottes erfüllen und unter seinem Blick, mit Ihm, in Ihm, für Ihn allein leben. Verschenken wir uns jeden Augenblick in der Weise, wie Er es von uns will. (L 172).

4. Dasein für den Nächsten, Dasein für die Kirche

Die Zeugen bestätigen einmütig, daß Elisabeth Catez unter dem Blick Gottes lebte. Und gleichzeitig heben sie hervor, daß sie liebenswürdig und dienstbereit, einfach und froh und ihren Mitmenschen gegenüber sehr aufmerksam war.

Ihre Liebe zu Jesus hat sie geöffnet für das Geheimnis der brüderlichen Verbundenheit in Christus: für die Kirche. Ihr Tagebuch zeigt, mit welcher Sorge sie zu beten und sich abzutöten begann, damit die „Seelen" zu Christus finden.

Im Karmel fühlt sie sich ganz dem Gebet und der Selbsthingabe für die Kirche verpflichtet. Ihre apostolische Berufung lebt sie in der Stille und Verborgenheit, indem sie unmittelbar bei der Quelle des Heils verbleibt.

Eine wirkliche „Schwester"

Dieses Herz, „das Gott so reich an Liebe gemacht hat" (L 265), mußte dennoch gegen eine natürliche Neigung zu Ungeduld und sogar Zorn kämpfen ... Aber das Tagebuch aus ihrer Mädchenzeit zeugt von ihren ständigen Bemühungen, von der Leidenschaft zur Liebe zu gelangen.

Ich bin nicht immer bereit, meinem Nächsten zu verzeihen. Ich habe ernsthafte Vorsätze gefaßt. Jesus, hilf mir ... (J 72)

O mein Jesus, von nun an soll kein Wort gegen meinen Nächsten mehr über meine Lippen kommen; ich will ihn immer entschuldigen. Und wenn man mir einmal zu Unrecht etwas vorwirft, will ich an Dich denken; dann kann ich alles ertragen, ohne zu klagen! ... (J 89)

Wenn ich zu Unrecht eine Rüge erhalte, scheint mir das Blut in den Adern zu kochen, mein ganzes Sein bäumt sich auf! ... Aber Jesus war heute mit mir, ich hörte seine Stimme auf dem Grund meines Herzens, und da war ich bereit, alles zu ertragen aus Liebe zu Ihm! ... (J 1)

Eine Freundin bezeugt:

Nie habe ich sie über jemanden etwas Schlechtes, aber auch nie über jemanden etwas Gutes, das nicht wahr gewesen wäre, reden hören. Sie verstand es, das Gute, das in jedem Menschen ist, herauszustellen, ohne jedoch die Mängel zu leugnen: Ihr Taktgefühl war ebenso groß wie ihre Nächstenliebe, doch ihre Nachsichtigkeit hinderte sie nicht daran, Festigkeit zu zeigen, wenn es nötig war (S 24–25).

Im Karmel ist sie sehr beliebt:

Die Geduld, Frucht ihrer Demut, konnte ihr durch nichts geraubt werden, nie war ein Mangel daran wahrzunehmen. Doch wie oft wurde sie auf die Probe gestellt, vor allem als sie das Amt der zweiten Pfortenschwester verrichtete. (...) Unsre Außenschwestern nahmen häufig ihre unerschöpfliche Bereitwilligkeit in Anspruch.

(...) So haben wir sie immer erlebt, liebenswürdig und zuvorkommend bis zum letzten Tag, auch in den ärgsten Schmerzen. Wie gern wandte man sich daher an sie! Nie verlor sich das Lächeln um ihre Lippen, auch wenn sie manchmal eine dringende Arbeit unterbrechen, eine zusätzliche Gebetsstunde opfern oder ihre eigenen Pläne ändern mußte. Nichts schien ihr schwerzufallen, wenn sie im Gehorsam auf etwas verzichtete (S 121).

Ich glaube, mein Herz, das Gott so mit Liebe erfüllt hat, ist hier hinter den Gittern durch den ständigen Kontakt mit Dem, den der heilige Johannes „Caritas", Liebe [1 Joh 4, 8.16], nennt, weiter geworden (L 265).

Zu Beginn ihres Ordenslebens, als sie kurz vor der Einkleidung steht, mahnt die Priorin sie zur Geduld: „Sie müssen noch viel lernen; vielleicht wird Ihre Einkleidung noch hinausgeschoben." Die junge Elisabeth antwortet ihr:

Es ist wahr, meine Mutter, ich bin noch sehr unvollkommen; aber ich glaube, daß der liebe Gott mir diese Gnade gewähren will. Und was meine Schwestern betrifft, können sie mir diese Gnade verwehren? Sie müssen mich lieben, wo ich sie doch so sehr liebe! (S 94)

Die anderen glücklich machen

Ich möchte ein wenig von meinem Glück ausstreuen können unter diejenigen, die ich liebe! (L 314)

Wenn man liebt, wünscht man dem, den man liebt, Gutes (L 335).

Tun Sie alles unter seinem göttlichen Blick! Bleiben Sie immer ganz froh in seinem Frieden und seiner Liebe, während Sie die Ihren glücklich machen! (L 133)

Ich sehe wohl, daß Du unglücklich bist. Doch daran bist Du selber schuld, ich versichere es Dir. Sei ruhig, ich glaube nicht, daß Du verrückt bist, sondern nervös und überreizt, und wenn Du in dieser Verfassung bist, verursachst Du den anderen Leid. Könnte ich Dir doch das Geheimnis des Glücks beibringen, wie der liebe Gott es auch mich gelehrt hat! (...) Wenn Du Deine Nerven verspürst, wenn Du traurig bist, geh schnell in Dein Inneres und vertraue alles Deinem Meister an (L 123).

Wenn Du wüßtest, wie froh ich darüber bin, daß der liebe Gott mich leiden läßt und nicht Dich ... (L 302)

Der ständige Umgang mit Gott, der die Liebe ist, vertieft ihre Liebe zu den anderen.

Geliebte Mama, ich bin in guter Schule! Er, der Gott, der ganz Liebe ist, lehrt mich, Dich so zu lieben, wie Er uns geliebt hat (L 188).

Mein Herz ist immer noch dasselbe ... Aber was sage ich! Durch den Umgang mit dem Gott, der ganz Liebe ist, ist es größer und weiter geworden (L 219).

Vom Meister wird gesagt, daß Er, da Er die Seinen, die in der Welt waren, liebte, ihnen seine Liebe bis zur Vollendung erwies [Joh 13, 1]. Wie es scheint, war sein Herz nie so überströmend von Liebe gewesen wie zu der Stunde, da Er aus dieser Welt zum Vater hinübergehen sollte. Ich glaube, Ihrer kleinen Elisabeth ergeht es ähnlich. Der Abend ihres Lebens ist gekommen – jener Abend, der dem Tag ohne Untergang vorausgeht, und sie fühlt auf dem Grund ihres Herzens stärkere Ströme der Liebe denn je (L 315).

Durch alles hindurch blieb die Jungfrau Maria in der Anbetung der Gabe Gottes [Joh 4,10]! Es hinderte sie nicht daran, sich äußerlich ganz einzusetzen, wenn es um die Ausübung der Nächstenliebe ging. Das Evangelium sagt uns, daß Maria durch das Bergland von Judäa eilte, um sich zu ihrer Verwandten Elisabeth zu begeben [Lk 1,39]. Nie verringerte die Freude der inneren Kontemplation ihre äußere Liebestätigkeit (CF 40).

Ihre Briefe aus dem Karmel beweisen, wie tief sie in der Einsamkeit den anderen verbunden ist.

Allein mit Dem, den ich liebe, werden mein Herz und meine Seele Dich finden. Ich glaube, wenn ich wirklich bei Dir wäre, könnte ich Dir nicht so nahe sein (L 141).

Während ich Ihnen schreibe, denke ich an die Sommerabende, die wir gemeinsam verbracht haben!... Nun bin ich ganz allein in unsrer kleinen Zelle, allein mit Ihm ... dem „Alles" ... Wenn Sie wüßten, welcher Friede und welches Glück meine Seele erfüllt ...! Und wenn Sie wüßten, wieviel näher ich Ihnen nun bin und wie wahr es ist, daß ich Sie liebe! (L 167)

Deine Tochter umarmt Dich mit der ganzen Liebe ihres Karmelitinnenherzens, dieses Herzens, das ganz Dir gehört, weil es ganz Ihm, ganz der Dreifaltigkeit gehört (L 170).

Jetzt ist es ganz einfach, zu Euch zu kommen, und ich unternehme oft diese Reise: Das Gebet, die Vereinigung mit Dem, der das Band jeder Zuneigung ist, das ist meine Art zu reisen! (L 171)

Es ist so wahr, daß Er in unsren Seelen wohnt und daß wir Ihm immer ganz nahe sind wie Marta und Maria [vgl. Lk 10,38–42]; während Du die Tätigkeit übernimmst, berge ich Dich in Ihn (L 183).

Ein unsichtbares Apostolat in der Kirche

Durch Gebet und Selbstverleugnung strahlt ihre Nächstenliebe hinaus in die ganze Welt. Sie liebt im verborgenen Herzen der Kirche.

„Ich heilige mich für sie, damit auch sie in der Wahrheit geheiligt sind" [Joh 17,19]. Machen wir uns dieses Wort unsres geliebten Meisters ganz zu eigen; ja, heiligen wir uns für die Seelen; und da wir ja alle Glieder eines einzigen Leibes sind [vgl. 1 Kor 12; Eph 4,25; 5,30; Röm 12,4–5], so werden wir auch in dem Maße, in dem wir überreich das göttliche Leben in uns haben, dieses an den großen Leib der Kirche weitergeben können (L 191).

„Braut Christi" sein, das heißt, ausgeliefert sein, wie Er sich ausgeliefert hat; es heißt, geopfert werden wie Er, durch Ihn, für Ihn ... Es heißt, nur noch lieben können ... immer und unter allen Formen lieben! ... Es heißt, fruchtbar sein, miterlösen; Seelen gewinnen durch die Gnade der Wiedergeburt; die Schar der vom Vater angenommenen Kinder, der von Christus Erlösten, der Miterben seiner Herrlichkeit vergrößern [vgl. Röm 8,15–17; Gal 4,5–7] (NI 13).

So kann sie ihren „Hunger nach Seelen" stillen!

Mein Gott, hilf mir, denn ich will nicht nur Erlösung für meine eigene Seele, sondern ich möchte auch viele andre zu Dir führen. Du weißt, wie sehr dieses Verlangen in mir brennt! (J 140)

Durch das ständige treue Eingehen auf die inneren und äußeren *„Anordnungen"* Gottes wird die Braut „für die Wahrheit Zeugnis ablegen" [vgl. Joh 18,37] und sagen können: „Er, der mich gesandt hat, ist bei mir; er hat mich nicht allein gelassen, weil ich immer das tue, was ihm gefällt" [Joh 8,29]. Und indem sie ihn nie verläßt und in so enger Verbindung mit ihm lebt, wird diese „geheime Kraft" [vgl. Lk 6,19] von ihr ausgehen können, die die Seelen erlöst und befreit (DR 38).

O mein vielgeliebter Herr, während die Nägel durch Deine Hände und Füße drangen ..., sahst Du meine zahllosen Fehler und alle meine Untreuen ... Aber Du wußtest auch, vielgeliebter Herr, wie sehr ich Dich einmal lieben würde. Du wußtest, daß ich, um Deine Liebe zu erwidern, um Dich zu trösten, um Seelen für Dich zu gewinnen, bereit sein würde, Dir tausendmal mein Leben zu schenken (J 142).

Den apostolischen Eifer hat die heilige Teresa von Avila, die Reformatorin des Karmel, ihrem Orden als Erbe hinterlassen. Elisabeth lebt ganz in diesem Geist.

Sich selbst verschenken, (...) oh, das ist die richtige Antwort auf seine Liebe. Schenken wir Ihm auch Seelen! Unsre heilige Mutter Teresa will, daß ihre Töchter ganz apostolisch seien! (L 179)

Ja, ich habe Ihn gefunden, den meine Seele liebt, dieses eine Notwendige [Lk 10,42], das niemand mir rauben kann (...) Ich möchte ganz still sein und ganz in Anbetung verharren, um immer tiefer in Ihn einzugehen und so von Ihm erfüllt zu sein, daß ich Ihn durch das Gebet den armen Menschen schenken kann, die die Gabe Gottes [vgl. Joh 4,10] nicht kennen (L 131).

Von der geliebten Einsamkeit und Verborgenheit des Karmel aus will ich mit Ihnen Apostel sein. Ich will mich für die Verherrlichung Gottes einsetzen. Darum muß ich ganz von Ihm erfüllt sein; dann werde ich alles vermögen: Ein Blick, ein Wunsch wird zum unwiderstehlichen Gebet, das alles erlangen kann; denn es ist sozusagen Gott, den man Gott darbringt (L 124).

Die heilige Teresa hat soviel geliebt, sie ist aus Liebe gestorben! Bitten Sie sie um die gleiche leidenschaftliche Liebe zu Gott und zu den Seelen! Denn eine Karmelitin muß ganz apostolisch sein: All ihre Gebete und all ihre Opfer dienen dazu[1] (L 136).

An die Kraft des Gebetes glauben

Wie könnte man an einer verborgenen Fruchtbarkeit des Gebets für die anderen zweifeln, wenn man an den lebendigen Gott glaubt, der die Liebe ist und im Nächsten wohnt? Wie hätte uns Jesus sonst beten lehren können,

---

[1] Diesen Wunsch bringt Teresa von Avila vor allem in den ersten drei Kapiteln des „Wegs der Vollkommenheit" zum Ausdruck: „Wenn eure Gebete, Wünsche, Bußübungen und Fasten nicht das zum Ziel haben, was ich gesagt habe, so wißt, daß ihr nicht tut, was der Herr von euch will, und den Zweck nicht erfüllt, zu dem Er euch hier zusammengeführt hat" (Weg 3,10).

sein Reich möge kommen? Und Elisabeth glaubt um so mehr an die Kraft ihres Bittgebets für die Menschheit, als sie ihr Gebet mit dem Christi vereint, der in ihr betet.

Ich bin „Haus Gottes",
mich erfüllt das Gebet Jesu Christi,
des göttlichen Anbeters.
Es führt mich zu den Seelen und hin zum Vater,
Denn darin besteht sein doppelter Strom.

Erlöser zu sein mit meinem Meister,
Auch das soll meine Sendung sein.
Darum muß ich ganz untergehen,
Mich verlieren in Ihm durch Vereinigung (P 88).

Meine Seele vereint sich gern mit der Ihren zu *einem* Gebet für die Kirche, für unsere Diözese. Da unser Herr ja in unsren Seelen wohnt, so ist sein Gebet das unsere, und ich möchte darin ständig mit Ihm vereint sein, indem ich mich wie ein kleines Gefäß an die Quelle, an den Born des Lebens halte, um dann das lebendige Wasser an die Seelen weiterfließen zu lassen, indem ich die Fluten seiner unendlichen Liebe überströmen lasse (L 191).

Elisabeths Briefe geben Zeugnis von ihrer aktiven Nächstenliebe.

Ich nehme Sie mit in die Mitte meiner Seele, wo der göttliche Gast wohnt. Dort überlasse ich Sie den milden Strahlen seiner Liebe und sage dabei zu Ihm: „Meister, Antoinette ist da!" (L 241)

Vor allem in den langen Stunden des Stillschweigens, im Herz-an-Herz mit dem lieben Gott, rede ich gern von Ihnen, denn „Er weiß alles, kann alles und liebt uns mit einer so großen Liebe; Er ist der Unendliche!..."[2] (L 197 b)

Der Karmel hat Ihren Aufruf zum Gebet vernommen. Das ist übrigens seine Sendung: „Beten ist atmen" bei uns, und wie intensiv wird dieses Gebet, wenn es sich um diejenigen handelt, die wir lieben ...! (L 206)

Ich lasse mein Herz sprechen ... es wendet sich an Den, der Sie mit einer so großen Liebe liebt. Ich habe also alle Aussicht, erhört zu werden ... (L 181)

Vor allem den apostolischen Dienst der Priester macht sie zu ihrem Anliegen.

Lassen wir unsre Seelen eins sein in Ihm, und während Sie Ihn zu den Menschen bringen, will ich wie Magdalena schweigend und anbetend beim Meister bleiben und Ihn bitten, Ihr Wort fruchtbar zu machen. „Apostel, Karmelitin": Es ist eine Einheit! (L 124)

Alles geht ihr zu Herzen. Alles bringt sie vor Gott, vor die Dreifaltigkeit in ihr. Ihre Priorin bezeugt:

Wenn ich ein besonderes Anliegen ihrem Gebet empfahl, antwortete sie: „Ich werde mit meinem allmächtigen Rat darüber sprechen." So nannte sie die drei göttlichen Personen seit dem Fest Christi Himmelfahrt (S 214).

---

[2] „Gott weiß alles, kann alles und liebt uns": der heiligen Teresa von Avila zugeschrieben.

Für Ihn und die anderen leiden

Vor allem gegen Ende ihres jungen Lebens, als sie durch die Addison'sche Krankheit bereits vom Tod gezeichnet ist und große Schmerzen leidet, nimmt Elisabeth in Glauben und Liebe Leiden und Tod an und stellt alles in den Dienst der anderen, der Kirche.

„Für den Leib Christi, die Kirche, ergänze ich in meinem irdischen Leib, was an der Passion Christi noch fehlt" [Kol 1,24]: Darin bestand das Glück des Apostels! Dieser Gedanke läßt mich nicht mehr los, und ich bekenne Dir, daß ich eine tiefe, innige Freude empfinde bei dem Gedanken, daß Gott mich erwählt hat, mich in die Passion seines Christus hineinzunehmen. Dieser Kreuzweg, den ich täglich hinaufgehe, scheint mir eher die Straße der Seligkeit zu sein! (GV 7)

Die Seele, die Gott Tag und Nacht in seinem Tempel dienen will – damit meine ich das innere Heiligtum, von dem der heilige Paulus sagt: „Gottes Tempel ist heilig, und der seid ihr" [1 Kor 3,17] –, diese Seele muß entschlossen sein, *wirklich* an der Passion ihres Meisters teilzunehmen. Sie ist freigekauft und muß nun ihrerseits Seelen freikaufen. Darum wird sie auf ihrer Lyra singen: „Ich will mich des Kreuzes Jesu Christi rühmen [vgl. Gal 6,14]. Ich bin mit Jesus Christus gekreuzigt worden [Gal 2,19] ..." Und weiter: „Für den Leib Christi, die Kirche, leide ich in meinem irdischen Leib, was an der Passion Christi noch fehlt" [vgl. Kol 1,24]. „Die Braut steht dir zur Rechten" [Ps 45,10]: Dies muß die Haltung dieser Seele sein! Auf dem Weg nach Golgotha geht sie zur Rechten ihres gekreuzigten, geschlagenen, gedemütigten Königs, der dennoch so stark, so ruhig, so voll Majestät seiner Passion entgegengeht, „um die Herrlichkeit seiner

Gnade aufleuchten zu lassen", wie der heilige Paulus es so deutlich ausdrückt (vgl. Eph 1,6). Er will seine Braut bei seinem Werk der Erlösung mitwirken lassen. Und dieser schmerzliche Weg, den sie geht, kommt ihr vor wie die Straße der Seligkeit: nicht nur weil sie dorthin führt, sondern auch weil der heilige Meister sie erkennen läßt, daß sie über die Bitterkeit des Leidens hinausgehen muß, um wie Er im Leiden ihre Ruhe zu finden (DR 13).

Auf dem Grund meiner Seele besinge ich Tag und Nacht die Liebe meines Meisters. Er ist so gut ... Man möchte meinen, Er habe nur an mich zu denken und nur mich zu lieben, so sehr schenkt Er sich meiner Seele. Aber Er tut es, damit ich mich meinerseits Ihm ausliefere für seine Kirche und all ihre Anliegen (L 275).

Liebe Mama, wenn Du, wie Du es mir in Deinem lieben, guten Brief sagst, fürchtest, daß ich als Opfer zum Leiden bestimmt bin, so sei nicht traurig, ich bitte Dich. Es wäre doch so schön. Ich fühle mich dazu nicht würdig. Stell Dir vor: teilzuhaben an den Leiden meines gekreuzigten Bräutigams und mit Ihm zusammen in meine Passion hineinzugehen, um mit Ihm zusammen zu erlösen ...! (L 300)

Stellvertretend für andere

Tief getroffen von der Gleichgültigkeit vieler gegenüber Gott, will Elisabeth stellvertretend für diese Gott die Liebe und den Lobpreis schenken, die Ihm zukommen.

Wie groß ist die Aufgabe einer Karmelitin! Mit Jesus Christus soll sie Mittlerin sein, soll Ihm gleichsam eine zusätzliche Menschheit sein, in der Er sein Leben der Versöhnung, des Opfers, des Lobpreises und der Anbetung fortsetzen kann. Oh, bitten Sie Ihn, daß ich der Größe meiner Berufung entsprechend auch lebe! (L 256)

Durch meine Liebe, meine Aufmerksamkeit, meine Opfer und meine Gebete will ich Ihn alle Schmerzen vergessen lassen. Ich will Ihn lieben für alle, die Ihn nicht lieben ... (J 8)

Unser Meister wird in der Welt so sehr beleidigt. Man will nichts mehr von Ihm wissen. Öffnen wir uns, um Ihn aufzunehmen! (L 149)

Sie bittet Jesus:

Durch eine große Liebe möchte ich Dich die Undankbarkeit der Welt vergessen lassen. Sei nicht traurig; stellvertretend für die, die Dich vergessen, werde ich Dich lieben. Ich bin zwar viel zu armselig und viel zu schlecht, um ein so hohes Ziel zu verfolgen; aber ich liebe Dich, ich liebe Dich ... (J 120)

O mein Gekreuzigter, wenn ich Dich betrachte, begreife ich die ganze Bosheit der Sünde (J 142).

Die Zeugen berichten:

Als wir einmal am Theater vorbeigingen, rief Elisabeth aus: „Oh, wie gern möchte ich Schauspielerin sein!" – „Sie, Elisabeth, wie kommen Sie auf eine solche Idee?" fragte man sie, mehr als überrascht über einen solchen Wunsch. – „Ja, dann wäre hier wenigstens ein Herz, das Gott lieben würde." Gott zu lieben und andere zur Liebe zu Ihm zu bewegen bedeutete alles für sie (S 24).

Ich wünsche Ihnen eine gute Fastenzeit. Wie Sie sagen, ist vieles zu sühnen, vieles zu erbitten, und ich glaube, um so vieler Not gerecht zu werden, muß man zu einem „beständigen Gebet" werden und viel lieben (L 225).

5. Das innere Gebet

Die Karmelitinnen widmen täglich zwei Stunden dem inneren Gebet, eine Stunde morgens und eine Stunde abends. Es ist die Zeit der stillen, persönlichen Zwiesprache mit Gott, durch die das immerwährende Gebet, die möglichst tiefe Vereinigung mit Gott während des gesamten Tages, genährt und vertieft wird. Auch hier zeigt sich Elisabeth als gute Ratgeberin.

Gespräch mit einem Freund

Das Bewußtsein der Anwesenheit eines guten Freundes und die Einfachheit der Beziehungen zu Ihm prägen Elisabeths Gebet[1].

Schon als Mädchen widmete Elisabeth Catez täglich viel Zeit dem Gebet. Als eine Freundin ihrer Mutter sie einmal lange in der Kirche vor dem Tabernakel knien sah, fragte sie sie, was sie Gott denn in dieser langen Zeit alles „sagen" könnte ... Elisabeth antwortete:

Ich liebe Dich so sehr. Ich komme ganz einfach voll Vertrauen zu Dir wie zu einem lieben Freund. Ich glaube, daß Du dieses vertraute Zusammensein gern hast (J 148).

---

[1] Vgl. Teresa von Avila: „Gebet ist meiner Meinung nach nichts anderes als ein Verweilen bei einem Freund, mit dem wir oft zusammenkommen, um bei ihm zu sein, weil wir wissen, daß er uns liebt" (Leben 8, 5).

Denk daran, daß Du mit Ihm zusammen bist, und geh mit Ihm um wie mit jemandem, den man liebt. Es ist so einfach, es bedarf keiner schönen Gedanken, sondern man muß das Herz sprechen lassen (L 273).

Legen Sie die Bücher beiseite, und verweilen Sie in einem ganz vertraulichen Herz-an-Herz, mit einem liebevollen Blick bei Gott. Kosten Sie dieses Glück ... (L 138)

Wenn Du Ihn ein wenig kennen würdest, würde beten Dich nicht mehr langweilen. Mir kommt es vor wie eine Erholung, eine Entspannung: Man kommt ganz einfach zu Dem, den man liebt (L 123).

Früher hast Du so gern ganz nah bei mir gesessen und Dich mir anvertraut; genauso mußt Du zu Ihm hingehen. Wenn du wüßtest, wie gut Er Dich versteht ... (L 123)

Sie wäre nicht Elisabeth „von der Dreifaltigkeit", würde sie ihr Gebet nicht mit dem ständigen Liebesaustausch des in ihr wohnenden dreifaltigen Gottes, insbesondere mit dem Gebet Christi, vereinigen.

Es ist so einfach: Der göttliche Anbeter ist in uns; sein Gebet ist also unser Gebet. Bringen wir es vor den Vater, werden wir eins mit Ihm, beten wir mit seiner Seele! (L 179)

In diesem kleinen allerinnersten Heiligtum *(meiner Seele)* treffe ich Ihn Tag und Nacht zu jeder Stunde an. Nie bin ich allein: Mein Christus ist immer da und betet in mir, und ich bete mit Ihm (L 123).

Lieben Sie stets das Gebet; und wenn ich sage „Gebet", so meine ich damit nicht so sehr, daß Sie sich täglich eine Menge mündlicher Gebete vornehmen sollen, sondern ich meine die Erhebung der Seele zu Gott bei allem, diese innere Hinwendung zu Ihm, die uns in eine Art ständige Communio mit der Heiligsten Dreifaltigkeit führt, indem wir alles unter seinem Blick tun (L 252).

Prüfungen im Gebet

„In der Nacht des Glaubens", sagt Elisabeth ... Auf der Suche nach diesem unsichtbaren Gott erfährt sie oft ihre Armut vor diesem „Seelengast", über den man nicht verfügen kann, sondern der sich uns schenkt. Ihre Priorin bezeugt:

Wenn man sie so ruhig und gelöst vor dem ausgesetzten Allerheiligsten sah, wer hätte da gedacht, daß sie an manchen Sonn- und Feiertagen, die sie ununterbrochen beim göttlichen Meister im Oratorium verbrachte, innerlich so sehr litt, daß sie „in Versuchung kam zu fliehen"?

„Während all dieser Stunden ist sehr oft tiefe Nacht", bekannte sie. „Aber beim abendlichen Gebet schenkt Er mir alles reich zurück, und noch mehr am nächsten Tag. Da empfange ich die Frucht der inneren Akte und des Stillseins am Tag zuvor" (S 132).

Das ist nicht nur ein Schleier, sondern eine Mauer, die Ihn vor mir versteckt. Nicht wahr, das ist recht hart, nachdem man Ihn so nahe gefühlt hat; aber ich bin bereit, so lange in diesem Seelenzustand zu bleiben, wie es meinem Geliebten gefällt, mich darin zu lassen. Denn der Glaube sagt mir, daß Er dennoch da ist, und wozu sind diese Tröstungen überhaupt gut? Das ist nicht Er. Und Er allein ist es ja, den wir suchen (L 53).

Achten Sie nicht so sehr darauf, ob Sie begeistert oder mutlos sind; es gehört zum Gesetz der Verbannung, daß man so von einer Verfassung in die andere wechselt. Glauben Sie dann, daß Er sich niemals ändert, daß Er Ihnen in seiner Güte immer zugeneigt ist (L 249).

O mein Gott, wie sehr leide ich. Aber ich will gerne solange in diesem Zustand verbleiben, wie es Dir gefällt; denn dieses glückselige Leid reinigt meine Seele, die Du inniger mit Dir vereinen willst. Immer noch, immer noch, solange Du willst, aber halte mich, ich bin so schwach ... O Liebe, wie gut und schön ist es, Dich beschenken zu können, Dich, der Du mich so sehr verwöhnt hast! (NI 11)

Richtig reagieren

Schwierigkeiten beim Gebet sind kein Hindernis für hochherziges Gebet ... Elisabeth zeigt, wie man auf Zerstreuungen, Ermüdung und Dunkelheit richtig reagieren und sich Gott tiefer zuwenden kann.

Vor allem müssen wir uns immer wieder sagen, daß nur der Glaube uns zu Gott führt.

Der heilige Paulus sagt: „Glaube ist: Feststehen in dem, was man erhofft, Überzeugtsein von Dingen, die man nicht sieht" [Hebr 11, 1].
Was liegt der Seele, die in der durch dieses Wort geschaffenen Klarheit gesammelt ist, daran, ob sie fühlt oder nicht fühlt, ob sie in der Nacht oder im Licht ist, ob sie Genuß hat oder keinen ... Sie würde sich geradezu

schämen, wenn sie hierin noch Unterschiede machte. Und wenn sie merkt, daß es sie innerlich noch bewegt, hält sie sich für sehr gering wegen ihrer mangelnden Liebe und richtet ihren Blick schnell auf ihren Meister, um sich von Ihm befreien zu lassen (DR 11).

Aber glauben heißt vor allem, an die Liebe glauben!

Siehst du sein mildes Licht nicht mehr leuchten
und umgibt tiefe Nacht deine Seele,
Glaube immer an die Liebe:
Denn sie ist die göttliche Leuchte,
Die deine Schritte lenken zum ewigen Gott (P 95).

„Glauben wir" mit dem heiligen Johannes „an die Liebe" [vgl. 1 Joh 4, 16]. Und weil wir Gott in uns besitzen, was kümmern uns da die Nächte, die unsern Himmel verdunkeln können! (L 239)

Man betet nicht, um etwas zu haben, um etwas zu bekommen, sondern man betet vor allem, weil Gott Gott ist: „um Seinetwillen!" (DR 21). Unsre Liebe muß ständig gereinigt werden.

Meister, nicht diese Geschenke und diese Tröstungen, mit denen Du mich überhäufst, suche ich, sondern Dich, Dich allein! (NI 5)

Das Lamm kann „*sie zu den Quellen führen, aus denen das Wasser des Lebens strömt*" [Offb 7, 17], es kann sie führen, wohin Es will und wie Es dies für gut hält. Denn die Seele achtet nicht mehr auf die Wege, die sie geht, sondern blickt einfach auf den Hirten, der sie führt (DR 14).

Ihn im Herzen tragen heißt,
Ihn um Seiner selbst willen lieben! (P 123)

Jesus Christus ist der Fels [vgl. Ps 27, 5], auf den die Seele über sich selbst, über ihre Sinne und ihre Natur erhoben wird, über die Tröstungen und die Schmerzen, über alles, was nicht einzig und allein *Er* ist (DR 34).

Wenn ich auf meine geliebte Zelle zurückkomme, um dort das auf der Empore begonnene Zwiegespräch fortzusetzen *(schreibt Elisabeth, als sie bereits sehr krank ist)*, bemächtigt sich meiner eine göttliche Freude. Ich liebe es so sehr, in der Einsamkeit mit Ihm allein zu sein ... Du weißt, ich bin weit davon entfernt, frei von Unvermögen und Schwäche zu sein. Auch ich muß nach meinem Meister suchen, der sich gut verbirgt. Aber dann erwecke ich meinen Glauben und habe größere Freude daran, nicht im Genuß seiner Gegenwart zu sein und so *Ihn* meine Liebe genießen zu lassen (L 298).

Er möge all seine geistigen Freuden und Tröstungen anderen Seelen schenken, um sie an sich zu ziehen! Wir wollen diese Dunkelheit lieben, die uns zu Ihm führt! (L 53)

Wenn wir beten, müssen wir uns Gott überlassen, uns Ihm ausliefern, Ihn „an uns handeln lassen" (DR 27), damit Er in der Prüfung sein Erlösungswerk an uns weiterführen kann.

In den Stunden, da Sie größeres Leid ertragen müssen, denken Sie, daß der göttliche Künstler den Meißel zur Hand nimmt, um sein Werk noch schöner zu gestalten! Halten Sie voll Frieden still unter der Hand dessen, der an Ihnen arbeitet! (L 249)

Wenn Jesus zu schlafen scheint, oh, dann wollen auch wir bei Ihm ausruhen; wir wollen ganz ruhig und still sein! Wecken wir Ihn nicht auf, sondern warten wir im Glauben! Wenn Sabeth und Odette in den Armen ihrer lieben Mama liegen, dann kümmern sie sich, glaube ich, wenig darum, ob die Sonne scheint oder ob es regnet. Machen wir es ebenso wie diese lieben Kleinen, leben wir in der gleichen Einfachheit in den Armen des guten Gottes! (L 239)

Auf jeden Fall durchhalten und nicht die Flucht ergreifen!

Ich möchte allen Menschen sagen können, welche Quelle der Kraft, des Friedens und auch des Glücks sie finden würden, wenn sie einwilligten, in dieser innigen Vertrautheit mit Gott zu leben. Aber sie können nicht warten: Wenn Gott sich ihnen nicht auf fühlbare Weise mitteilt, kehren sie sich ab von seiner heiligen Gegenwart, und wenn Er dann mit all seinen Gaben zu ihnen kommt, findet Er niemanden mehr; die Seele hat sich nach außen gekehrt und sich den äußeren Dingen zugewandt, sie wohnt nicht mehr auf dem Grund ihrer selbst! (L 302)

Von Mose wird gesagt: „Er hielt standhaft im Glauben aus, als sähe er den Unsichtbaren" [vgl. Hebr 11,27]. Ich glaube, so muß auch die Haltung eines Lobes der Herrlichkeit sein, das durch alles hindurch seinen Dankeshymnus fortsetzen will: „Standhaft im Glauben, als sähe es den Unsichtbaren" ... (DR 10)

Durch alle Nächte, alle Leere und alles Unvermögen hindurch will ich immer den Blick auf Dich richten und in Deinem hellen Licht bleiben.

O mein geliebter Stern, banne mich fest, damit ich nie mehr aus Deinem Strahlenkreis herausfallen kann (NI 15).

Das immerwährende Gebet

Wenn wir wie Fremde zu Gott unserem Vater kommen und uns beim inneren Gebet nicht wohl fühlen (bei dieser „Rast", wie Elisabeth sagt ...), so liegt es oft daran, daß wir so lange seine Gegenwart vergessen haben. Das ist noch keine echte Freundschaft ... Gott vergißt uns keinen Augenblick!

Elisabeth war der Überzeugung (und suchte auch ihre Freunde in der Welt davon zu überzeugen), daß es möglich ist, häufig, ja ständig mit Gott in Verbindung zu sein, mit oder ohne Worte. Bereits als Mädchen versuchte sie, sozusagen immer im Gebet zu sein:

Denn mein Herz ist immer bei Ihm
Und denkt Tag und Nacht ohn' Unterlaß
An diesen himmlischen, göttlichen Freund,
Dem es seine Liebe beweisen möcht (P 43).

Mir scheint, nichts kann von Ihm ablenken, wenn man nur für Ihn handelt, immer in seiner heiligen Gegenwart, unter diesem göttlichen Blick, der ins Allerinnerste des Herzens dringt (L 38).

Nichts, wirklich nichts soll mich wegziehen können von Dir, weder das, was ich tue, noch das Vergnügen, noch das Leid (J 156).

Als sie einmal erkrankte:

Ich kann nicht zur Kirche gehen, nicht zur heiligen Kommunion. Aber sehen Sie, Gott braucht das Sakrament nicht, um zu mir zu kommen; mir scheint, ich habe Ihn jetzt ebenso nahe. Diese Gegenwart Gottes ist so gut! Dort, ganz auf dem Grund, im Himmel meiner Seele, finde ich Ihn gern, weil Er mich ja nie verläßt (L 62).

Jesus, ich biete Dir die Zelle meines Herzens an, sie soll Dein kleines Bethanien sein. Komm und ruh Dich dort aus, ich liebe Dich so sehr (NI 5).

Im Karmel nimmt ihr Verlangen nach dem immerwährenden Gebet noch zu und erfaßt sie immer mehr.

In der tiefen Ruhe Deines ewigen Seins
Birg' mich [vgl. Kol 3, 3],
damit ich schon in diesem Leben
Durch alles hindurch so wie im Himmel
„In Deiner Liebe" [vgl. Joh 15, 9],
Deinem unendlichen
Frieden verbleibe (P 109).

Schenk Frieden meiner Seele, mach sie zu Deinem Himmel, zu Deiner geliebten Wohnung und zum Ort Deiner Ruhe. Gib, daß ich Dich dort nie allein lasse, sondern ganz da bin, ganz wach in meinem Glauben, ganz anbetend, ganz ausgeliefert an Dein schöpferisches Handeln (NI 15).

Wenn man wirklich liebt,
lebt man nicht mehr in sich,
Denn man fühlt die Notwendigkeit,

Sich stets zu vergessen.
Und das Herz hat nur dann Ruhe und Frieden,
Wenn es den gefunden hat, den es liebt.
Darum will ich, Jesus, in meiner Liebe zu Dir
Nur noch Deine heilige Gegenwart.
Jeden Augenblick des Tages
Will ich mich verlassen
Um mich allein unter Deinem Blick
In Stille hinzuopfern (P 109).

„Braut Christi sein" heißt, den Blick ganz in den Seinen tauchen, die Gedanken bei Ihm, das Herz ganz ergriffen, ganz durchdrungen, wie außer sich und in Ihn übergegangen; die Seele erfüllt mit Seiner Seele, erfüllt mit Seinem Gebet; das ganze Wesen gefangen und hingegeben ... (NI 13)

Ihrer Familie und ihren Freunden in der Welt rät sie, diese Gemeinschaft mit Gott immer mehr zu suchen und zu vertiefen.

Meine geliebte Antoinette, ich hinterlasse Ihnen meinen Glauben an die Gegenwart Gottes, des Gottes, der ganz Liebe ist und der in unsren Seelen wohnt. Ich gestehe Ihnen: Diese innige Vertrautheit mit Ihm „im Innern" war die schöne Sonne, die mein Leben durchstrahlte und die mir gleichsam einen vorweggenommenen Himmel schuf. Sie hält mich auch heute im Leiden aufrecht (L 333).

Und nun, meine liebe Mama, bleibt gerade noch Platz, Dir einen Wunsch zu sagen: Er, der mich zu sich genommen hat, möge immer mehr der Freund werden, in dem Du Dich von allem ausruhen kannst. Lebe in so inniger Vertrautheit mit Ihm wie mit jemandem, den man liebt, in einem liebevollen Herz-an-Herz! Das ist das Geheimnis des Glücks Deiner Tochter (L 170).

Schon hier auf Erden erlaubt Er uns, in seiner vertrauten Nähe zu leben, und in gewisser Weise bricht hier schon unsre Ewigkeit an, indem wir in „Gemeinschaft" [1 Joh 1,3] mit den drei göttlichen Personen leben (L 223).

Leider vergessen wir manchmal seine heilige Gegenwart und lassen Ihn ganz allein, indem wir uns mit Dingen beschäftigen, die nicht Er sind (L 301).

Im Karmel:
Gebet als Aufgabe und Berufung

Durch ihre Ordensprofeß hat Elisabeth von der Dreifaltigkeit ihr ganzes Leben dem Gebet geweiht. Ständig im Gebet Gott zugewandt, wird die geistige Tochter der heiligen Teresa von Avila und des heiligen Johannes vom Kreuz ihre Berufung mit bewunderswerter Treue leben!

Das Leben einer Karmelitin ist die Vereinigung mit Gott vom Morgen bis zum Abend und vom Abend bis zum Morgen. Würde Er nicht unsre Zellen und unsre Gänge erfüllen, wie wäre alles so leer! Aber durch alles hindurch sehen wir Ihn, denn wir tragen Ihn in uns, und unser Leben ist ein vorweggenommener Himmel. Ich bitte den lieben Gott, Dich all diese Geheimnisse zu lehren (L 123).

Diese ganz innige Vereinigung mit Gott ist die Wesensmitte unsres Karmellebens. Sie macht uns unsre Einsamkeit so lieb; denn wie unser Vater Johannes vom Kreuz sagt: „Zwei, die sich lieben, wollen allein miteinander sein" [Johannes vom Kreuz, Lied der Liebe 35, 1] (L 184).

Hier spricht alles von Ihm, überall spürt man seine so lebendige Gegenwart. Das Gebet ist unsre hauptsächliche, ich sollte besser sagen unsre einzige Beschäftigung, denn eine Karmelitin darf es nie unterbrechen (L 142).

In Ihm leben, das ist Karmelleben. Dann wird jedes Opfer, jede Hingabe göttlich; durch alles hindurch sieht man Ihn, den man liebt, und alles führt zu Ihm hin (L 136).

Der Karmel ist wie der Himmel: Man muß sich von allem trennen, um Ihn zu besitzen, der ALLES ist (L 170).

Das ist das Leben einer Karmelitin: Sie ist vor allem kontemplativ, eine andre Magdalena, die nichts von dem einen Notwendigen [vgl. Lk 10, 42] ablenken darf; sie liebt den Meister so sehr, daß sie wie Er hingeopfert werden will; ihr Leben wird gleichsam ein ständiges Sich-selbst-Verschenken, ein Liebesaustausch mit Dem, dessen Eigentum sie so sehr ist, daß Er sie in ein anderes Sich verwandeln will (L 164).

6. Gottes Wunsch:
Deine Einheit mit Christus

Elisabeth von der Dreifaltigkeit kennt nur noch einen Wunsch: so hochherzig zu lieben und so sehr in Einheit mit Gott zu leben, daß sie ganz aus Ihm und in Ihm lebt und in Ihn verwandelt wird.

Ich fühle mich so sehr geliebt, es ist wie ein Ozean, in den ich mich versenke, mich verliere: Dies ist meine Gottesschau hier auf Erden, in Erwartung der Anschauung im Licht, von Angesicht zu Angesicht. Er ist in mir, ich bin in Ihm; ich muß Ihn nur lieben und mich lieben lassen, und zwar immer, in allen Dingen: in der Liebe aufwachen, mich in der Liebe bewegen, in der Liebe einschlafen, die Seele in seiner Seele, das Herz in seinem Herzen, die Augen in seine Augen versenkt, damit Er mich durch die Verbindung mit Ihm reinige, mich von meiner Erbärmlichkeit erlöse (L 177).

Nimm mich mir. Nimm meinen Willen, nimm mein ganzes Sein. Elisabeth soll verschwinden, nur noch Jesus soll bleiben! ... (J 156)

„Der Abgrund ruft dem Abgrund zu"

„Der Abgrund ruft dem Abgrund zu" [Ps 42,8, Vulg.]. Dort, ganz auf dem Grund, vollzieht sich die direkte Begegnung mit Gott. Dort steht der Abgrund unsrer Nichtigkeit, unsrer Erbärmlichkeit, unmittelbar dem Abgrund von Gottes Barmherzigkeit und seines unendlichen Alles gegenüber. Dort finden wir die Kraft, uns selber zu sterben und unsern bisherigen Weg zu verlassen, um so in Liebe verwandelt zu werden ... (CF 4)

„Seid heilig, denn ich bin heilig" [1 Petr 1,16; Lev 11,44.45]. Wie mir scheint, wird hier der gleiche Wille zum Ausdruck gebracht wie am Schöpfungstag, als Gott sprach: „Laßt uns Menschen machen als unser Abbild, uns ähnlich" [Gen 1,16]. Es ist immer der Wunsch des Schöpfers, mit seinem Geschöpf eins zu sein, es in sich hineinzunehmen! (DR 22)

Ich lese gerade sehr schöne Seiten aus den Schriften unsres hl. Vaters Johannes vom Kreuz, über die Umgestaltung der Seele in die drei göttlichen Personen. Zu welch unermeßlicher Herrlichkeit sind wir berufen! Ja, ich verstehe das Schweigen und die innere Sammlung der Heiligen ... Unser hl. Vater Johannes sagt, daß der Heilige Geist die Seele zu einer so wunderbaren Höhe erhebt, daß er sie befähigt, in Gott den gleichen Liebeshauch zu erzeugen, den auch der Vater mit dem Sohn und der Sohn mit dem Vater erzeugt, ein Hauch, der nichts anderes als der Heilige Geist selbst ist! [Johannes vom Kreuz, Das Lied der Liebe [39,3-5] (L 185)

Als „Braut Christi", als Braut im mystischen Sinn erwählt worden zu sein heißt, so sehr sein HERZ erobert zu haben, daß das WORT allen Abstand vergißt und sich in der gleichen Ekstase unendlicher Liebe wie im Schoß des Vaters in die Seele verströmt! Der Vater, das Wort und der Geist ergreifen Besitz von der Seele, vergöttlichen sie und machen sie durch die Liebe zu einer Einheit mit Sich ... Es ist die unauflösliche Einheit von Wille und Herz (NI 13).

Der Heilige Geist, der die Liebe ist, mache aus Deinem Herzen einen kleinen Feuerofen, der durch die Glut seiner Flammen die drei göttlichen Personen erfreut (L 278).

Gott selbst wird unsre Heiligkeit sein

Gott will unsre Heiligung, denn Er ist heilig. Durch Seine Heiligkeit sollen wir heilig werden.

Er, der mich ganz zu seinem Eigentum gemacht hat, ist ganz Liebe, und ich versuche, mit all seinen inneren Regungen eins zu werden. Mit Seinem Herzen liebe ich Sie, mit Seiner Seele bete ich für Sie (L 175).

Er bleibt in der innersten Mitte Ihrer Seele wie in einem Heiligtum, in dem Er unablässig geliebt, ja angebetet werden will. Er ist dort, um Sie mit seinen Gnaden zu überhäufen (L 261).

Leben Sie auf dem Grund Ihrer Seele! Mein Meister hat mich klar erkennen lassen, daß Er dort Wunderbares schaffen will (LA 6).

Meister, für Dich will ich heilig sein! Sei Du meine Heiligkeit, denn ich kenne meine Schwachheit (NI 4).

Ich fühle mein Unvermögen. Darum bitte ich Dich: „Bekleide mich mit Dir selbst" (6), mach meine Seele eins mit allen Regungen Deiner Seele! Überflute mich, nimm mich in Besitz, tritt du an meine Stelle, damit mein Leben nur mehr ein Widerschein Deines Lebens sei. Komm in mich als Anbeter, Versöhner und Erlöser! (NI 15)

In der heiligen Eucharistie werden wir in besonderer Weise hineingenommen in die Heiligkeit Gottes und das Erlösungswerk Christi.

Ich bitte Sie, wie ein Kind seinen Vater bittet: Weihen Sie mich doch in der heiligen Messe als Hostie zum Lob der Herrlichkeit Gottes. Weihen Sie mich so gut, daß ich *nicht mehr ich, sondern Er* bin [vgl. Gal 2, 20], und daß der Vater, wenn Er mich anblickt, Ihn wiedererkennen kann. „Ich will mit seinem Tod gleichförmig sein" [Phil 3, 10], ich will in mir erleiden, was an seiner Passion noch fehlt für seinen Leib, die Kirche [vgl. Kol 1, 24]. Und dann tauchen Sie mich in das Blut Christi, damit ich aus seiner Kraft stark bin; ich fühle mich so klein, so schwach ... (L 294)

„Eine Nacht tut es der andern kund" [Ps 19, 3]. Das ist sehr tröstlich! Meine Ohnmacht, mein Widerwille, meine Dunkelheit und sogar meine Fehler künden die Herrlichkeit des ewigen Gottes! Auch die seelischen und körperlichen Leiden besingen die Herrlichkeit meines Meisters! David sang: „Wie kann ich dem Herrn all das vergelten, was Er mir Gutes getan hat?" So kann ich es: „Ich will den Kelch des Heils erheben und anrufen den Namen des Herrn" [Ps 116, 12.13]. Wenn ich diesen Kelch ergreife, der vom Blut meines Meisters gerötet ist, und zum Dank voll Freude mein Blut mit dem des heiligen Opferlammes mische, wird es in gewisser Weise seiner Unendlichkeit teilhaft und kann dem Vater ein herrliches Loblied darbringen. Dann wird mein Leiden „eine Botschaft, die die Herrlichkeit" des ewigen Gottes „verkündet" [vgl. Ps 19, 2.3.5] (DR 18).

In Christus, mit Christus

Wir müssen „Jesus Christus als Gewand anlegen" [vgl. Röm 13,14; Gal 3,27; Eph 4,24]. Er, den der Vater uns als Bruder gegeben hat, ist für uns der „königliche Weg, die glänzende Straße" (L 316).

„Und das Wort ist Fleisch geworden und hat unter uns gewohnt" [Joh 1,14]. Gott hatte zwar gesagt: „Seid heilig, denn ich bin heilig" [1 Petr 1,16; Lev 11,44.45]; aber Er blieb verborgen in seinem unzugänglichen Licht [vgl. 1 Tim 6,16]. Das Geschöpf brauchte es, daß Er zu ihm herabstieg und sein Leben mit ihm teilte. So sollte es, Ihm auf seinem Weg folgend, zu Ihm aufsteigen und durch seine Heiligkeit heilig werden können. „Ich heilige mich für sie, damit auch sie in der Wahrheit geheiligt sind" [Joh 17,19] (DR 29).

Leben wir immer und bei allem in Gemeinschaft mit dem menschgewordenen Wort, mit Jesus, der in uns wohnt und und das ganze göttliche Geheimnis mitteilen will (L 145).

„Bleibt in mir" [Joh 15,4]. Das Wort Gottes gibt uns diesen Befehl, bringt diesen seinen Willen zum Ausdruck. Bleibt in mir, nicht nur für ein paar Augenblicke oder ein paar Stunden, die vorübergehen, sondern *„bleibt..."* dauernd, ständig. Bleibt in mir, betet in mir, betet an in mir, liebt in mir, leidet in mir, arbeitet, handelt in mir (CF 3).

Damit Christus uns erfüllen kann, muß es erst leer werden in uns...

„Dort (in der Seele, die seine Herrlichkeit kündet) hat Er der Sonne ein Zelt gebaut" [Ps 19,5]. Die Sonne ist das Wort, der Bräutigam. Wenn Er meine Seele von allem leer findet, was nicht zu den beiden Worten – seine Liebe, seine Ehre – gehört, dann hat Er sie zu seinem „Brautgemach" [Ps 19,6] erwählt und tritt in sie ein ... (DR 19)

Ich richte die Freude meiner Seele (nicht was das Gefühl, sondern was den Willen betrifft) auf alles, wodurch ich geopfert, von mir selbst entblößt und verdemütigt werden kann; denn ich will meinem Meister Platz machen (CF 12).

Mit dem heiligen Paulus möcht' ich sprechen:
„Aus Liebe zu Ihm hab' ich alles aufgegeben.
Und wonach meine Seele verlangt,
Ist, Ihn täglich besser kennenzulernen.
Ihn will ich erkennen, Ihn,
Meinen Christus, meinen Erlöser,
Und mit meinem ganzen Wesen
Dem Bild meines Heilands gleichförmig werden" [vgl. Phil 3,7–10] (P 96).

Der aus Liebe Gekreuzigte

Den Mut, um allen Raum in uns Christus zu überlassen, schöpfen wir aus der ständigen liebevollen Betrachtung der großen Liebestat des Herrn: Sein Tod ist die Quelle des Lebens. Ihm in seinem Leiden und Sterben ähnlich zu werden, ist der letzte große Wunsch Elisabeths.

„Nicht mehr ich lebe, sondern Christus lebt in mir!" [Gal 2,20] Um auf diese Weise umgestaltet zu werden, müssen wir zweifellos uns selbst opfern. Aber Sie lieben ja wohl das Opfer, weil Sie den Gekreuzigten lieben (L 179).

Wie gern habe ich den Gedanken des heiligen Paulus, den Sie mir geschrieben haben! Mir kommt es vor, als verwirkliche er sich in mir auf diesem kleinen Bett, das der Altar ist, auf dem ich mich der Liebe darbringe. Beten Sie darum, daß die Ähnlichkeit mit dem geliebten Bild jeden Tag vollkommener wird: „Configuratus morti eius" („Seinem Tod gleichgestaltet") [Phil 3, 10]. Dieser Gedanke bewegt mich sehr und gibt mir Kraft im Leiden (L 294).

Wenn Sie wüßten, welch unaussprechliches Glück ich in mir verkoste bei dem Gedanken, daß der Vater mich vorherbestimmt hat, seinem gekreuzigten Sohn gleichförmig zu werden ... [vgl. Röm 8, 29] (L 324)

In den letzten Tagen ihres Leben konnte Elisabeth die heilige Kommunion nicht mehr zu sich nehmen. Als man mit ihr über dieses große Opfer spricht, antwortet die Sterbende:

Am Kreuz finde ich Ihn; dort schenkt Er mir sein Leben (S 250).

Das Leiden ist etwas so Großes, aber es gibt so wenige Menschen, die unserem Herrn soweit folgen wollen ... (L 215)

Wenn Du in der Nacht aufwachst, dann vereinige Dich mit mir. Ich möchte Dich gern einmal einladen können, zu mir zu kommen. Diese kleine Zelle mit ihren weißen Wänden, von denen sich nur ein schwarzes Holzkreuz ohne Corpus abhebt, ist so geheimnisvoll, so still. Dieses

Kreuz ist *mein* Kreuz, an dem ich mich jeden Augenblick darbringe, um gleichförmig zu sein mit meinem gekreuzigten Bräutigam. Der heilige Paulus sagte: „Ihn, Christus, will ich erkennen und die Gemeinschaft mit seinem Leiden und die Gleichförmigkeit mit seinem Tod" [vgl. Phil 3, 10]. Damit ist der mystische Tod gemeint, durch den die Seele sich so sehr entäußert und vergißt, daß sie in Gott hineinstirbt, um in Ihn umgestaltet zu werden. Dies erfordert Leiden, denn unser ganzes Ich muß sterben, damit Gott selbst an unsre Stelle treten kann (L 298).

Aus Liebe zum Gekreuzigten

Aus Liebe ist Jesus für uns am Kreuz gestorben. Diese Liebe will Elisabeth mit ihrem ganzen Sein beantworten.

O mein geliebter Christus, aus Liebe gekreuzigt, ich möchte Braut sein für Dein Herz, ich möchte Dich mit Ehre überschütten, ich möchte Dich lieben ... ja, aus Liebe sterben! (NI 15)

Willst du mir Liebe für Liebe geben?
Bist du von heute an zu allem bereit? (P 68)
Für mich hast Du sterben wollen!
Kann ich da nicht auch für dich, Jesus, leiden? (P 18)

Wenn man sieht, was Er mit Herz, Seele und Leib alles für uns gelitten hat, dann hat man geradezu das Bedürfnis, Ihm das alles zurückzuschenken. Es ist, als wolle man all das durchleiden, was auch Er durchlitten hat (L 317).

Im Karmel ist Gelegenheit zu vielen derartigen Opfern *(Sie spricht über die Winterkälte)*; aber sie sind so süß, wenn das Herz ganz von Liebe erfaßt ist. Ich will Ihnen sagen, wie ich es mache, wenn sich eine kleine Müdigkeit einschleicht: Ich schaue den Gekreuzigten an, und wenn ich sehe, wie *Er* sich für *mich* ausgeliefert hat, scheint mir, daß *ich* für *Ihn* nicht weniger tun kann als mich ganz herzugeben, mich verbrauchen zu lassen, um Ihm ein wenig von dem zurückzuschenken, was Er mir geschenkt hat! (L 156)

Eines Nachts *(so vertraut sie einer Mitschwester an)* hatte ich sehr starke Schmerzen und fühlte, wie meine Natur die Oberhand gewann. Da erweckte ich einen Akt des Glaubens und sagte zu mir selbst: „Auf diese Weise darf eine Karmelitin nicht leiden." Dann betrachtete ich Jesus in seinem Todeskampf und bot Ihm meine Schmerzen an, um Ihn zu trösten; da fühlte ich mich gestärkt. So habe ich es mein Leben lang getan. Bei jeder großen oder kleinen Prüfung bedenke ich, was unser Herr erduldet hat, um mein Leiden in sein Leiden zu tauchen und mich selbst in Ihn zu verlieren (S 253).

Als man ihr eine Erleichterung verschaffen wollte, sagte sie:

Das ist der Mühe nicht wert. Ich bin am Ende meiner Laufbahn. Nun, da ich Gott bald von Angesicht zu Angesicht schaue, läßt Er mich erkennen, daß ich mich nicht ausruhen darf, sondern im Gegenteil alles Gebet und Erleiden, das mir noch möglich ist, aus mir herausholen muß (S 218–219).

7. Die Liebe wird dich umgestalten

Es ist kein Zweifel möglich! Die Liebe in ihren vielfältigen Formen „schafft die Einheit" (L 121) und bereitet den Boden für die Umgestaltung in Christus. Zu Beginn ihres Ordenslebens gibt Elisabeth auf die Frage: „Welches ist Ihrer Meinung nach das Ideal der Heiligkeit", folgende Antwort:

Aus Liebe leben! (NI 12)

Ich wünsche Ihnen die Liebe! Dieses Wort schließt, wie mir scheint, alle Heiligkeit in sich ein. Lieben wir Gott also leidenschaftlich, aber mit dieser tiefen, stillen Liebe! (L 73)

„Wenn jemand mich liebt, wird er an meinem Wort festhalten; mein Vater wird ihn lieben, und wir werden zu ihm kommen und *bei ihm* wohnen" [Joh 14,23].
 Die Liebe ist es, durch die Gott zu seinem Geschöpf hingelockt, hingezogen wird: nicht durch eine gefühlsmäßige Liebe, sondern durch die Liebe, die „stark wie der Tod ist und die auch mächtige Wasser nicht löschen können" [vgl. Hld 8,6–7] (CF 9).

Glaubst Du nicht, daß das Herz sich, wenn es an Christus gebunden ist, bis zum äußersten verschenken kann? ... Ich liebe Ihn leidenschaftlich, und indem ich Ihn liebe, werde ich in Ihn umgestaltet (L 130).

Liebe als Lebensideal

Elisabeth ist entschlossen, die Liebe allein zu ihrem Leitbild zu machen, um auf „diese Weise" sozusagen ein Schatten des Herrn selbst zu werden[1] *(CF 1).*

Liebe ruft Liebe hervor [vgl. Teresa v. Avila, Leben 22,14], und ich bitte den guten Gott um nichts anderes mehr als darum, diese Wissenschaft der Nächstenliebe verstehen zu können, von der der heilige Paulus spricht [vgl. Eph 3,18–19] und deren ganze Tiefe mein Herz erforschen möchte (L 219).

Sie fragen mich ,welche Beschäftigungen ich im Karmel habe. Ich könnte Ihnen zur Antwort geben, daß es für eine Karmelitin nur eine gibt: „Lieben, beten" (L 168).

Deine Sendung hier auf Erden
Ist, nur noch lieben zu können
Und das ganze Geheimnis zu durchdringen,
Das Er Dir zu offenbaren kam (P 86).

Du hast mich mit Geschenken überhäuft, und was habe ich Dir anzubieten? Es ist so wenig, und auch dieses Wenige ist ein Geschenk von Dir. Aber wenigstens schenke ich Dir ein Herz, das Dich liebt (J 133).

Ich wünsche Dir soviel. Oder besser, ich wünsche Dir nur eines, nämlich daß Du liebst, daß Du ganz Liebe bist, daß Du Dich nur noch in der Liebe bewegst und die LIEBE glücklich machst! (L 288)

---

[1] Vgl. Ruysbroec, a.a.O. S. 81: „Unser Schatten begleitet uns überall hin ... So folgt auch die Liebe Gott überallhin ..."

Was heißt „lieben"?

Es heißt, sich ganz auf das einzulassen, was der geliebte Gott von uns verlangt. Es ist das völlige Einswerden zweier Willen.

„Weil ich den Vater liebe, tue ich immer das, was Ihm gefällt" [vgl. Joh 14, 31; 8, 29]. So sprach der heilige Meister, und jeder, der in Einheit mit Ihm leben will, muß auch nach diesem Grundsatz leben (CF 10).

Es heißt, den Blick stets fest auf Ihn gerichtet haben und das kleinste Zeichen, den geringsten Wunsch Ihm von den Augen ablesen. Es heißt, an allen seinen Freuden teilhaben und all seine Trauer und Betrübnis mittragen (NI 13).

„Meine Speise ist es, den Willen dessen zu tun, der mich gesandt hat" [Joh 4, 34]. Unser Herr hat dies als erster gesagt, und die Seele, die mit Ihm Gemeinschaft hat, wird hineingenommen in die Gesinnung seiner göttlichen Seele; ihr ganzes Lebensideal besteht darin, den Willen dieses Vaters zu erfüllen, der uns mit ewiger Liebe geliebt hat [vgl. Jer 31, 3]! (L 138)

Was Du willst, das will auch ich,
Herr Jesus, Du mein göttlicher Freund;
Dein Wille soll darum der meine sein (P 44).

Leben wir aus Liebe, ... liefern wir uns immer ganz aus und verschenken wir uns von Minute zu Minute, indem wir den Willen Gottes tun, ohne nach Außergewöhnlichem zu suchen (L 172).

Ein Lob der Herrlichkeit Gottes ist jemand, der in Gott bleibt, der Ihn mit einer reinen, uneigennützigen Liebe liebt, ohne sich selbst in der Zartheit dieser Liebe zu suchen; der Ihn mehr liebt als all seine Gaben und Ihn auch dann noch lieben würde, wenn er nichts von Ihm empfangen hätte; der dem so geliebten Gott Gutes schenken will. Aber wie kann man Gott *tatsächlich* Gutes schenken, wenn nicht dadurch, daß man Seinen Willen erfüllt, da doch dieser Wille alles auf Seine größere Verherrlichung hinordnet? Man muß sich also voll und ganz ihm übergeben – so weit, daß man nichts anderes mehr will, als was Gott will (CF 43).

Gegen Ende ihres Lebens wählt Elisabeth sich als zweiten Namen den von Paulus stammenden Ausdruck „Lob der Herrlichkeit" Gottes [Eph 1,12]. Aber im Vollzug des täglichen Lebens vergißt sie den Namen nicht, von dem sie einmal sagte, er solle sie in den Himmel bringen: „Gottes Wille" (NI 12)! – Was sie selbst hochachtet, will sie auch für die anderen. Beim letzten Abschied von ihrer Mutter bittet sie diese:

Mama, wenn die Schwester Dir Bescheid gibt, daß mein Leiden zu Ende ist, mußt Du auf die Knie fallen und sagen: „Mein Gott, Du hast sie mir gegeben, und Du hast sie mir genommen; gelobt sei Dein Name!" [vgl. Ijob 1,21] (S 245–246)

Ich bin unendlich glücklich, zu sehen, daß meine geliebte Mama im voraus Ja sagt zu allem, was Gott will; wie sehr beruhigt mich das! (L 317)

Wenn seine Willensbeschlüsse uns manchmal sehr kreuzigen, dürfen wir sicher mit dem geliebten Meister sprechen: „Vater, wenn es möglich ist, gehe dieser Kelch an mir vorüber." Doch sogleich wollen wir hinzufügen: „Aber nicht wie ich will, sondern wie Du willst" [Mt 26, 39]. Ruhig und stark wollen wir dann zusammen mit dem göttlichen Gekreuzigten unseren Kalvarienberg hinaufsteigen und dabei auf dem Grund unsrer Seele singen und ein Danklied zum Vater emporsenden ... (CF 30)

Ich fühle mich bereit, durchs Feuer zu gehen, um etwas, das Gott von mir will, vollkommener zu tun (S 220).

Sich selbst völlig zu vergessen ist die Kehrseite der Medaille. „Losgeschält von mir, ohne mich selbst" leben, wagt Elisabeth zu sagen (DR 42). Sonst ist eine so tiefe Liebe nicht möglich.

Vergessen Sie sich selbst, so gut sie können; Das ist das Geheimnis des Friedens und des Glücks. Der heilige Franz Xaver hat einmal ausgerufen: „Was mich betrifft, berührt mich nicht, aber was Ihn betrifft, berührt mich gewaltig." Glücklich der Mensch, der so völlig frei geworden ist von sich selbst! Er liebt in Wahrheit! ... (L 264)

Um Jesus zu beweisen, wie sehr Sie Ihn lieben, vergessen Sie sich stets selbst, um Ihre Lieben glücklich zu machen! Seien Sie bei all Ihren Pflichten und in all Ihren Entschlüssen sehr treu! (L 278)

Christus lieben bedeutet auch, nicht auszuweichen, wenn uns das Kreuz in großen oder kleinen Dingen begegnet ...

Bitten wir Ihn, uns zu wirklich liebenden Menschen zu machen, d. h. zu opferbereiten Menschen. Denn wie ich meine, ist das Opfer nichts anderes als die in die Tat umgesetzte Liebe: „Er hat mich geliebt und sich für mich hingegeben" [vgl. Gal 2,20] (L 250).

Lieben ist so einfach. Es bedeutet, sich all Seinen Willensentscheidungen ausliefern, so wie Er selbst sich dem Willen des Vaters ausgeliefert hat. Es bedeutet, in Ihm bleiben; denn das Herz, das liebt, lebt nicht mehr in sich, sondern in dem, den es liebt. Es bedeutet, für Ihn leiden, mit Freude jedes Opfer und jede Hingabe vollziehen, um dadurch seinem Herzen Freude bereiten zu können. Er selbst möge Dich die Wissenschaft der Liebe lehren ... (L 288)

Nimm im Licht, das vom Kreuz ausgeht, jede Prüfung, jede Widerwärtigkeit, alles Unangenehme an. Dadurch gefällt man Gott und geht auf dem Weg der Liebe voran (L 314).

Lieben – auf jeder Seite von Elisabeths Werk finden wir dieses Wort – bedeutet, oft bei dem geliebten Gott, der gegenwärtig ist, verweilen, ja in Ihm bleiben!

Wir müssen in der Liebe Christi fest verwurzelt sein, wie der heilige Paulus sagt [Eph 3,17]. Und wie geschieht das? Indem wir durch alles hindurch mit Dem vereint leben, der in uns wohnt und der die Liebe ist [1 Joh 4,8.16] (L 179).

Mein Coenaculum ist die „LIEBE", diese Liebe, die in uns wohnt. Darum besteht meine ganze Tätigkeit darin, in mein Inneres einzutreten und mich in den Dreien zu verlieren, die dort anwesend sind! ... (L 179)

Radikale Hochherzigkeit

Die Heiligkeit besteht darin, aus Liebe zu leben, sagte Elisabeth. Auf die Frage, wie man auf dem „schnellsten Weg" dahin gelangt, antwortet sie: „Ganz klein werden, sich rückhaltlos ausliefern" (Nl 12).

Ich bitte Ihn nur um eines: Ihn mit ganzer Seele lieben zu können, aber mit einer wahren, starken und großherzigen Liebe! (L 38)

Mein Jesus, im voraus nehme ich alle Opfer und alle Prüfungen an, selbst das, nicht mehr Deine Gegenwart zu spüren. Ich bitte Dich nur um eines: immer, ja immer großmütig und treu sein zu können und niemals davon abzulassen (NI 5).

Jesus, erhöre auch dieses Gebet, das ich schon so oft an Dich gerichtet habe: Sollte ich in Gefahr stehen, auch nur eine einzige Todsünde zu begehen, so laß mich schnell sterben, solange ich noch ganz Dir gehöre ... (NI 7)

Wahre Liebe zögert nie,
Sie will sich immer mehr verschenken (P 94).

Wenn Sie Ihre Schwachheit fühlen, will Gott, daß Sie dies nutzen, um Willensakte zu setzen, und sie Ihm genauso wie Liebesakte darbringen, die geradewegs zu seinem Herzen gehen (L 278).

O meine Drei, mein Alles, meine Seligkeit, unendlich Einer, Unermeßlichkeit, in die ich mich verliere, ich liefere mich Dir als Beute aus ... (NI 15)

Durch Hochherzigkeit werden wir fähiger, Gott in uns aufzunehmen.

Er liebt die starken und großmütigen Herzen. Zu einer Heiligen sagte Er einmal: „Mit dem Maß, mit dem du mißt, werde auch ich messen [2]. Schenk Ihm also ein sehr gehäuftes Maß: Er will Dich so sehr mit Gaben überschütten! (L 291)

Der heilige Paulus legt mir ans Herz, *am Glauben festzuhalten* [Kol 2, 7] – an jenem Glauben, der der Seele nie erlaubt einzuschlafen, sondern sie unter dem Blick des Meisters ganz wach und im schöpferischen Wort ganz gesammelt hält; an jenem Glauben an die „übergroße Liebe" [Eph 2, 4, Vulg.], der es Gott ermöglicht, die Seele, wie der heilige Paulus sagt, *„mit der ganzen Fülle Gottes"* zu erfüllen [Eph 3, 19] (DR 34).

Wenn Du wüßtest, wie gut es ist, Gott zu lieben und Ihm alles zu geben, worum Er Dich bittet, vor allem wenn es Dich etwas kostet, so würdest Du nicht länger zögern, auf mich zu hören. Am Anfang verspürst Du sicher nur das Opfer, aber Du wirst sehen, welch herrlichen Frieden man danach kostet! (L 98)

Immer können wir auf Gottes Hilfe vertrauen.

Je mehr Du Deine Schwachheit und Unfähigkeit fühlst, Dich zu sammeln, je mehr der Meister verborgen zu sein scheint, um so inniger mußt Du Dich freuen! Denn dann beschenkst Du Ihn. Und nicht wahr, es ist doch besser, zu geben, als zu empfangen, wenn man liebt?

---

[2] Das Wort galt der hl. Katharina v. Siena. – Vgl. Mt 7, 2; Mk 4, 24; Lk 6, 37.

Gott sagte zum heiligen Paulus: „Meine Gnade genügt dir, denn die Kraft kommt in der Schwachheit zur Vollendung" [2 Kor 12,9] (L 298).

Ich bin so froh, daß Du öfters zur heiligen Kommunion gehst. Dort wirst Du Kraft finden (L 87).

Bezeugen wir Ihm unsre Liebe durch all unsre Taten, indem wir immer tun, was Ihm gefällt. Und Er wird uns nicht allein lassen, sondern in der Mitte unsrer Seele bleiben, um selbst unsre Treue zu sein (L 252).

Auch in der Krankheit ist sie nicht weniger hochherzig.

Obwohl ihre Kräfte nachließen, wohnte Schwester Elisabeth mit großer Pünktlichkeit von der Empore der Krankenstation aus dem Chorgebet bei. Als sie einmal abends mehr als sonst litt und sehr erschöpft war, überkam sie die „Versuchung", wie sie sagte, wieder ins Bett zurückzugehen. Auf die Bemerkung, sie hätte auch tatsächlich wieder zu Bett gehen und sich von dort aus dem Gebet der Gemeinschaft anschließen sollen, antwortete sie mit Bestimmtheit:

„Meine Mutter, ich dachte, das sei zu lasch. Darum bin ich aus meinem Sessel aufgestanden, habe mich hingekniet und mit um so größerem Glauben gebetet, je weniger Mut ich hatte. Mein Meister hat mich wunderbar gestärkt, so daß ich nun leicht bis zum Ende der Komplet warten kann, um mich auszuruhen." Ja, sie war geprägt von der Schule der Heiligen; sie suchte Kraft und Ruhe durch vermehrtes Opfer und Gebet (S 218).

Unser Herr bittet mich, meinen Leidensweg anzutreten mit der Majestät einer Königin (S 253).

Diese radikale Hochherzigkeit kann immer und überall gelebt werden. Suchen wir sie nicht so weit weg von uns.

Versäumen wir kein einziges Opfer! Im Verlauf eines Tages kann man so viele bringen: Mit den Kleinen hast Du ja viel Gelegenheit dazu (L 298).

Wie viele Akte der Selbstverleugnung können wir bringen, die Er allein sieht! Versäumen wir keine Gelegenheit dazu! (L 179)

Jeden Morgen, wenn ich den neuen Tag überdenke, verspreche ich Jesus dieses oder jenes Opfer. Sind Opfer dabei, die mich kosten, und zögere ich dann, so dringt Er in einer Weise darauf, daß ich sie Ihm unmöglich verweigern kann ... (J 131)

Der Meister nannte die Stunde seines Leidens „seine Stunde", die Stunde, zu der Er in die Welt gekommen ist, die Stunde, nach der Er mit Sehnsucht verlangte [Joh 12,27; vgl. Lk 22,15]! Wenn sich uns nun ein großes Leid oder ein ganz kleines Opfer anbietet, wollen wir ganz schnell daran denken, daß dies nun „unsre Stunde" ist, die Stunde, in der wir Dem unsre Liebe beweisen können, der uns *„im Übermaß geliebt"* hat [vgl. Eph 2, 4, Vulg.] (L 308).

Wenn Sie wüßten, mit welcher Freude ich die größten Leiden ertrage, um immer größere Treue und Liebe für sie zu erlangen ... (L 293)

Ich weihe Dir mein Leben

Der Ruf zu Liebe und Hochherzigkeit wurde bei Elisabeth zu einem Ruf zum Ordensleben.

Ich hatte das Gebet sehr gern und liebte Gott so sehr, daß ich schon vor meiner ersten heiligen Kommunion nicht verstand, wie man sein Herz jemand anderem schenken könnte. Seit damals war ich entschlossen, nur Ihn zu lieben und nur für Ihn zu leben (S 22–23).

Als ich noch nicht ganz vierzehn Jahre alt war, fühlte ich mich eines Tages bei der Danksagung nach der heiligen Kommunion unwiderstehlich dazu getrieben, Ihn als meinen einzigen Bräutigam zu wählen, und band mich sogleich durch das Gelübde der Jungfräulichkeit an Ihn. Wir sagten nichts zueinander, sondern wir schenkten uns selbst einander durch eine so starke Liebe, daß mein Entschluß, Ihm ganz zu gehören, von da an noch fester stand (S 23).

Am Fuß Deines Kreuzes, Viel-Geliebter,
Jesus, meine gekreuzigte Liebe,
Bitte ich Dich wieder, mein Herz zu nehmen,
Ohne es mir jemals wiederzugeben (P 69).

Elisabeth leidet unter dem Schmerz der Trennung von ihrer Familie (ein Schmerz, der auf beiden Seiten groß ist). Sie schreibt über sich selbst:

Es wird ein großes Opfer für sie sein, die beiden Menschen zu verlassen, die sie so sehr liebt. Aber dieses Opfer ist für sie unendlich süß, weil sie es für Dich bringt. Für Dich, den sie über alles liebt. Für Dich, der Du ihr Herz verwundet hast. Für Dich, dessen Schönheit sie gefangen hält. Für Dich, der Du ihr Bräutigam, Mutter, Schwester, die größte Liebe bist. Für Dich, der Du ihr alles ersetzen kannst (J 111).

Ihre Ordensprofeß sieht sie gleichermaßen als unverdiente Gnade wie als totale Indienstnahme an.

Ein ganzes Leben in Stille und Anbetung, im Herz-an-Herz mit dem Bräutigam! Beten Sie, daß ich treu bin und seine Pläne mit mir bis zum Ende erfülle ... (L 149)

In der Nacht vor dem großen Tag, als ich mich in Erwartung des Bräutigams im Chor befand, habe ich verstanden, daß mein Himmel schon auf Erden begonnen hat, der Himmel im Glauben, mit dem Leid und dem Geopfertwerden für Den, den ich liebe! ... (L 169)

Was sie versprochen hat, bleibt ihr stets kostbar.

Wie sehr liebe ich diese Regel, die die Form ist, in der Er mich heiligen will. Ich weiß nicht, ob ich das Glück haben werde, für meinen Bräutigam das Blutzeugnis abzulegen; aber wenigstens habe ich, wenn ich mein Leben als Karmelitin ganz lebe, den Trost, mich für Ihn verbraucht zu haben, für Ihn allein (L 169).

Bereits in der Welt hatte sie eine oberste Grundregel ...

O mein Meister, ich möchte so gern mit Dir in der Stille leben. Was ich jedoch mehr als alles mag, ist, Deinen Willen zu erfüllen (NI 5).

8. Aszese und Leid:
Im Dienst der Liebe

Liebe und Gebet allein führen nicht zur Einheit mit Gott. Oder vielmehr doch! Aber unter der Bedingung, daß sie von aszetischer Wachsamkeit genährt und durch das Leid gereinigt werden, das uns im Leben begegnet.

Welch falsche Vorstellung haben die Menschen doch von der wirklichen Vereinigung mit Gott! Jene, die meinen, sie seien schon dahin gelangt, weil sie fühlbare Tröstungen verkosten, lassen mich an Kinder denken, die mit Staub spielen, den der Wind verweht. Nein, nein, die wirkliche Vereinigung mit Gott besteht nicht in geistigem Genuß, sondern in Selbstentäußerung und Schmerz (S 221).

Frei und demütig, um mit Gott leben zu können

Die „Leere", die Elisabeth in sich selbst schafft, ist nicht einfach Leere, sondern neuer Raum für Gott und seine Liebe.

Meiner Meinung nach ist der freieste Mensch derjenige, der am meisten sich selbst vergißt (GV 4).

„Quotidie morior" [1 Kor 15, 31] – „Täglich sehe ich dem Tod ins Auge", ich werde kleiner [vgl. Joh 3, 30], ich entsage mir jeden Tag mehr, damit Christus in mir wächst und verherrlicht wird! (CF 12)

Seit Christus gesagt hat: „Wer mein Jünger sein will, der verleugne sich selbst, nehme sein Kreuz auf sich und folge mir nach" [Mt 16,24], ist die Lehre, sich selbst zu sterben, für jeden Christen zum Gesetz geworden. Diese so streng wirkende Lehre ist so köstlich und mild, wenn man das Ziel dieses Todes betrachtet: Gottes Leben in uns anstelle unsres so sündigen und elenden Lebens! (GV 3)

Sei in Ihm *verwurzelt!* Entwurzle Dich also von Dir selbst ..., d. h. verleugne Dich selbst jedesmal, wenn Du Dir begegnest! (GV 10)

Ihre Priorin bezeugt:

Sich selbst zu verleugnen war ihr so sehr in Fleisch und Blut übergegangen, daß sie bei solchen Gelegenheiten nie gezwungen wirkte. Im Gegenteil: Allein schon bei dem Gedanken an ein neues Opfer, einen neuen Akt der Liebe, eine Freude, die sie anderen bereiten konnte, strahlte sie Zufriedenheit aus (S 24).

„Seinetwillen habe ich alles aufgegeben" [Phil 3,8]. Nun kann der Meister sich frei mitteilen, sich frei verschenken „nach seinem Maß"[1]! (DR 5)

---

[1] Mit dem Maß, mit dem du mißt, werde auch ich messen" (Wort des Herrn an die hl. Katharina von Siena).

Demut: Für Elisabeth ist dies ein Weg, um sich selbst vergessen zu lernen und den Blick auf den größeren Gott und ihren Nächsten zu richten.

Die große Lehre meines Meisters
Und meines Herrn hab' ich begriffen:
„Er entäußerte sich selbst
in der Gestalt eines Sklaven" [vgl. Phil 2,7] (P 96).

Ich verspreche meinem Jesus, mich jedesmal zu verdemütigen und zu verleugnen, wenn sich mir dazu Gelegenheit bietet – aus Liebe zu Ihm! (NI 6)

Gott liebt es so sehr, einen Menschen zu finden,
Der in Selbstentäußerung und Demut lebt:
Er drängt zu ihm hin mit seiner Fülle,
Um die göttliche Vereinigung zu vollziehn (P 118).

Wenn Sie wegen etwas getadelt werden *(sagt Elisabeth auf die Frage einer Novizin)*, tun Sie mehr, als sich bloß zu unterwerfen: Freuen Sie sich und sagen Sie: Danke! (S 220)

Sie bitten mich, für Sie um den Geist der Demut und Opferbereitschaft zu beten. Wenn ich abends vor der Lesehore meinen Kreuzweg betete, bat ich jedesmal, wenn sich das kostbare Blut Jesu verströmte, um diese Gnade für mich. Von nun an werde ich es auch für Sie tun (L 214).

Ihre Priorin erzählt:

Ihre Schwester und ihr Schwager hatten zu den Festlichkeiten, die wir zu Ehren unsrer seligen Martyrinnen von Compiègne vorbereiteten, ihre musikalische Mitwirkung versprochen. Eines Abends übten sie nun in der Kapelle. Schwester Elisabeth von der Dreifaltigkeit bemerkte, mit welcher Feinfühligkeit Marguerite ihren Mann begleitete und wie sie versuchte, ihn hervortreten zu lassen, während sie selbst im Hintergrund blieb.

„Auf diese Weise muß auch ich ein Instrument sein, auf dem der göttliche Meister die Töne erklingen lassen kann, die Ihm gefallen. Durch meine Mitwirkung mit der Gnade muß ich ganz einfach sein Handeln hervortreten lassen; ich muß zurücktreten, um Ihm alle Ehre zukommen zu lassen" (S 237).

Wer im Glauben unter dem Blick Gottes lebt, ... ist meiner Meinung nach auch demütig: Er kann alle Gaben, die ihm geschenkt sind, dankbar erkennen. Denn „Demut ist Wahrheit" [vgl. Teresa von Avila, Innere Burg, 6. Wohnung 10, 7]. Aber er schreibt sich nichts selbst zu, sondern führt wie die heilige Jungfrau Maria alles an Gott zurück (GV 4).

Zwischen Freiheit und Beten besteht eine Wechselwirkung: Wenn man seine Aufmerksamkeit auf Gott richtet, wird man innerlich freier, und um besser beten zu können, muß man frei werden von sich.

Sie meinen vielleicht, es sei schwierig, sich selbst zu vergessen ... Ich will Ihnen mein „Geheimnis" mitteilen: Denken Sie an den Gott, der in Ihnen wohnt und dessen Tempel Sie sind; der heilige Paulus sagt es so [vgl. 1 Kor 3, 16], ihm können wir glauben. Nach und nach gewöhnt sich die Seele daran, in Seiner vertrauten Gesellschaft zu leben; sie begreift, daß sie in sich einen kleinen Himmel trägt, in dem der Gott der Liebe sich niedergelassen hat (L 249).

Damit es dem göttlichen Geliebten in meiner kleinen inneren Zelle gefällt, will ich sie mit so vielen Blumen schmücken, wie ich nur finden kann: Die Blumen sind die kleinen Opfer jeden Augenblicks (NI 8).

Eine Seele, die nicht vollkommen „entblößt und frei" von sich selbst ist [Johannes vom Kreuz, Das Lied der Liebe 40,2], wird unvermeidlich immer wieder banal und irdisch leben. Aber dies ist einer Tochter Gottes, einer Braut Christi, eines Tempels des Heiligen Geistes nicht würdig. Um sich gegen dieses rein natürliche Leben zu wappnen, muß die Seele ganz wach sein im Glauben und den Blick fest auf den Meister richten (DR 25).

Leben Sie immer mit Gott in Ihrem Inneren! Dies erfordert eine große Abtötung; denn um auf diese Weise ständig mit Ihm eins zu sein, muß man Ihm alles schenken. Wenn wir treu auf die geringsten Wünsche Seines Herzens eingehen, bewahrt uns auch Jesus treu in seiner Nähe. Daraus erwächst eine so innige Vertrautheit mit Ihm ... (L 278)

O Herr, ich möchte in Dir aufgehen
Wie ein Wassertropfen im unendlichen Meer.
Vernichte in mir alles, was nicht göttlich ist,
Damit ich mich frei ganz Dir zuwende (P 109).

Innere Einheit, inneres Schweigen

Wir zersplittern so leicht unsre inneren Kräfte, anstatt sie zu sammeln und durch alles hindurch die Liebe zu suchen. „Die schöne innere Einheit", sagt Elisabeth (DR 4).

„Allzeit halte ich meine Seele in Händen" [Ps 118, 109, Vulg.]. Dieses Lied erklang in der Seele meines Meisters, und darum blieb Er inmitten der Angst der Ruhige, der Starke. Allzeit halte ich meine Seele in Händen! ... Was will dies anderes besagen, als daß man in der Gegenwart dessen, der der Friede ist, im vollen Besitz seiner selbst ist? (DR 3)

Es gibt noch einen anderen Gesang Christi, den ich ständig wiederholen möchte: „Ich will dir meine Kraft bewahren" [Ps 59, 10, Vulg.] ... Meine Ordensregel sagt mir: „In der Stille ruht eure Kraft" [Karmelregel, Zitat aus Jes 30, 15]. Ich meine daher, daß das Wort „Dem Herrn seine Kraft bewahren" bedeutet, durch das innere Schweigen die Einheit in unserem ganzen Wesen herstellen, d. h. all unsere Kräfte sammeln, um sie einzig zur Übung der Liebe zu verwenden (DR 3).

All die lärmenden Stimmen in unserem Inneren müssen zum Schweigen kommen, wenn wir die Stimme Gottes hören und seiner Liebe ganzheitlich antworten wollen. Dieses „schöne innere Schweigen", sagt Elisabeth (DR 26)!

Höre, Tochter, sieh her und neige dein Ohr, vergiß dein Volk und dein Vaterhaus" [Ps 45, 11]. Ich glaube, daß dieser Aufruf eine Einladung zu Stille und Schweigen ist: Höre ... Leihe mir dein Ohr ... Aber um zu hören, muß man sein „Vaterhaus" vergessen, d. h. alles, was zum natürlichen Leben gehört, zu dem Leben, das der Apostel meint, wenn er sagt: „Wenn ihr nach dem Fleisch lebt, müßt ihr sterben" [Röm 8, 13].

Sein Volk zu vergessen scheint mir schwieriger zu sein; denn dieses Volk ist diese ganze innere Welt, die sozusagen ein Teil von uns selbst ist: Empfindungen, Erinnerungen, Eindrücke usw. – mit einem Wort: unser *Ich!*

Man muß es vergessen, es verlassen. Wenn die Seele damit gebrochen hat, wenn sie frei ist von all dem, verlangt der König nach ihrer Schönheit [vgl. Ps 45,12]. Denn Schönheit ist Einheit, wenigstens bei Gott! ... (DR 28)

Damit mich nichts aus diesem schönen inneren Schweigen heraushole, muß ich stets in der gleichen Verfassung, in der gleichen Abgeschiedenheit, im gleichen Getrenntsein, in der gleichen Losschälung verharren! Wenn mein Verlangen, meine Furcht, meine Freude und mein Schmerz, wenn nicht alle Regungen, die diesen vier Leidenschaften [2] entspringen, vollkommen auf Gott hingeordnet sind, werde ich nicht einsam sein: Es wird noch Lärm in mir geben (DR 26).

Ein Lob der Herrlichkeit ist ein Mensch des Schweigens, der sich wie eine Lyra der geheimnisvollen Berührung des Heiligen Geistes hinhält, damit Er ihr göttliche Harmonien entlocke (CF 43).

Eine Seele, die in ihrem inneren Reich noch etwas für sich zurückbehält und deren Kräfte noch nicht in Gott „eingeschlossen"[3] sind, kann kein vollkommenes Lob der Herrlichkeit sein. Sie ist nicht imstande, fortwährend ihr „Canticum magnum" („Hochgesang") zu singen, von dem der heilige Paulus spricht, weil die Einheit nicht in ihr herrscht. Und statt durch alles hindurch schlicht ihren Lobgesang fortzusetzen, muß sie ständig die Saiten ihres Instruments zusammenholen, die sich nach allen Seiten hin ein wenig verloren haben (DR 3).

---

[2] „Vier Leidenschaften: Freude, Hoffnung, Schmerz und Furcht": Johannes vom Kreuz, Geistlicher Gesang (B) 20, 4.9–13; 26, 19; 28, 4; 40, 4 ...
[3] Ruysbroec, a.a.O. S. 157.

Bitten wir zusammen mit Elisabeth um diesen tiefen inneren Frieden:

O mein Gott, Dreifaltigkeit, die ich anbete: Hilf mir, mich ganz zu vergessen, um in Dir zu wohnen, regungslos und friedvoll, so als weilte meine Seele bereits in der Ewigkeit. Nichts soll meinen Frieden stören können, nichts mich aus Dir herausziehen können, o mein Unwandelbarer; vielmehr soll mich jede Minute weiter hineinführen in die Tiefe Deines Geheimnisses (NI 15).

Der Sinn des Leidens

Das Leid ist eine unvermeidliche Wirklichkeit in unsrem Leben. „Das ist das Gesetz des irdischen Lebens: das Leid neben der Freude", sagt Elisabeth (L 210). Aber sie unterzieht sich diesem Gesetz nicht passiv, wie einem Schicksal. Sie gibt ihm einen Sinn. In der Haltung des Glaubens und der Liebe zum gekreuzigten und auferstandenen Herrn nimmt sie das Leid an. Nicht das Leiden an sich zieht sie an: „Ich kann nicht sagen, daß ich das Leiden an sich liebe", sagt sie (L 317); sondern sie liebt den, dem sie im äußersten Schmerz begegnet ...

Ehe sie in der Ewigkeit mit dem verherrlichten Christus eins werden darf, findet Elisabeth in der aussichtslosen Situation ihrer Krankheit ihre Freude darin, mit dem leidenden Christus gleichförmig zu werden, der sich aus Liebe zu ihr und zu allen dem Leid und dem gewaltsamen Tod unterworfen hat. Wie Er, will sie diese letzte vorläufige Phase durchleiden und auf diese Weise in ihrer eigenen Existenz soweit wie möglich die menschliche Erfahrung ihres Christus durchleben.

Ich träume davon, vor meinem Tod in Jesus den Gekreuzigten umgewandelt zu werden. Dies gibt mir soviel Kraft im Leiden ... (L 324)

Ich kann nicht sagen, daß ich das Leiden an sich liebe. Ich liebe es vielmehr, weil es mich mit dem gleichförmig macht, der mein Bräutigam und meine Liebe ist. Das erfüllt die Seele mit einem so süßen Frieden, einer so tiefen Freude, und man sucht schließlich sein Glück in all dem, was einem entgegen ist. Liebe Mama, versuche einmal, Deine Freude – nicht die fühlbare, sondern die Freude Deines Willens – in jeder Widerwärtigkeit, in jedem Opfer zu suchen, und sage zum Meister: „Ich bin nicht würdig, dies für Dich zu erleiden, ich verdiene diese Gleichförmigkeit mit Dir nicht." Du wirst sehen, mein Rezept ist ausgezeichnet. Es läßt einen wunderbaren Frieden auf dem Grund des Herzens zurück und bringt uns Gott näher (L 317).

Würde unser Herr mich wählen lassen zwischen einem Tod in der Ekstase oder einem Tod in der Verlassenheit des Kalvarienberges, so würde ich das letztere vorziehen, nicht um des Verdienstes willen, sondern um Ihn zu verherrlichen und Ihm ähnlicher zu sein! (S 249)

Durch ihr Einssein mit dem Gekreuzigten weiß sie sich nützlich für die anderen, für ihre Erlösung, ihr ewiges Heil – in und mit Christus, dem Bruder aller, der in ihr als einem Glied seines mystischen Leibes leidet.

Mein Gott, ich habe Dich geliebt, so sehr geliebt, Deine göttliche Liebe ist an die Stelle jeder anderen Liebe getreten. Um Dich zu trösten, habe ich alles verlassen. Alle Leiden habe ich nicht für mich getragen, sondern für meine Brüder (S 52).

O mein Gott, Du weißt, daß es, wenn ich leide, und vor allem wenn ich danach verlange, so sehr zu leiden, o, daß es nicht im Gedenken an meine Ewigkeit ist, sondern allein um Dich zu trösten, um Seelen zu Dir zu führen, um Dir zu beweisen, daß ich Dich liebe (J 32).

Ihr Leiden regt sie dazu an, sich bis zum Äußersten zu verschenken, mit der konsequentesten und radikalsten Liebe zu Christus.

Beten Sie für mich, daß ich Ihm in meinem Leiden *alles* schenke und schon jetzt nur noch aus Liebe lebe (L 271).

Daran können wir erkennen, daß Seine Liebe in uns ist, wenn wir nicht nur mit Geduld, sondern auch mit Dankbarkeit alles annehmen, was uns verwundet und uns Leid verursacht. Um dahin zu gelangen, muß man Gott betrachten, der sich aus Liebe kreuzigen ließ. Wenn diese Betrachtung aufrichtig ist, führt sie unweigerlich zur Liebe zum Leiden (L 314).

Das Leiden zieht mich immer mehr an. Das Verlangen danach übertrifft beinahe die Sehnsucht nach dem Himmel, die doch sehr stark war. Noch nie hat mich Gott so tief begreifen lassen, daß der Schmerz das größte Unterpfand der Liebe ist, das Er seinen Geschöpfen geben konnte (L 314).

Könnten wir das Glück schätzen, das im Leiden liegt, wie sehr würden wir danach verlangen! Bedenke, daß wir Gott damit beschenken können! Versäumen wir doch eine solche Gelegenheit nicht! Suche Deine ganze Freude darin!
   Aber pflege zum Beispiel Deine Gesundheit, um Deiner Karmelitin zu gehorchen! Laß Dich von unsrer guten

Guiguite verwöhnen, die so glücklich ist, das tun zu dürfen (L 295).

Sich bezüglich Ihrer Gesundheit selbst zu vergessen bedeutet nicht, daß Sie sich nun vernachlässigen sollen. Denn dies ist Ihre Pflicht und die beste Bußübung. Aber überlassen Sie sich dabei ganz Gott, und sagen Sie „Danke" zu Ihm, was auch geschehen mag! (L 249)

Das Leiden kann uns Gott näherbringen.

Wenn Du wüßtest, wie notwendig das Leiden ist, damit sich Gottes Werk in der Seele vollziehen kann ... Gott sehnt sich unendlich danach, uns mit seinen Gaben reich zu beschenken. Aber wir setzen Ihm das Maß durch unsre Bereitschaft, uns von Ihm hinopfern zu lassen, uns opfern zu lassen in Freude und Dankbarkeit wie der Meister, indem wir mit Ihm sprechen: „Der Kelch, den mir der Vater gegeben hat – soll ich ihn nicht trinken?" [Joh 18, 11] (L 308)

Welche Ängste hat Ihr Mutterherz durchstehen müssen ... Das alles bringt Sie Gott näher. Es zwingt uns dazu, uns den Händen Gottes zu überlassen, der unser Vater ist und der uns in den schwersten Stunden, in denen Er uns oft so fern zu sein scheint, in Wirklichkeit so nahe ist, so sehr „in uns" ist! (L 160)

Wenn Gott mir alles nahm, was mich zu Ihm zu führen schien, so tat Er dies nur, um sich mir noch mehr zu schenken (L 168).

Innere Haltung beim Leiden

Selbstverständlich weiß Elisabeth, daß der körperliche Schmerz mit allen psychischen Auswirkungen, die er mit sich bringen kann, dem körperlichen Verfall zuzuschreiben ist. Aber sie weiß auch, daß Gott da ist und in dieser extremen Situation die Antwort ihrer Liebe erwartet. Über alle „Zweitursachen" hinaus begegnet sie dem Vater, „ohne dessen Willen kein Spatz zur Erde fällt" [vgl. Mt 10, 29]. In der Gegenwart Gottes, der die Liebe ist und der uns durch alles hindurch mit seiner Liebe umgibt, nimmt sie großmütig alles Leid an und trägt es in Ihm.

Der heilige Apostel Paulus sagt, daß Gott „alles so ausführt, wie Er es in seinem Willen beschließt" [vgl. Eph 1, 11]. Darum müssen wir alles als *unmittelbar* aus der göttlichen Hand unsres Vaters kommend annehmen, der uns liebt und durch alle Prüfungen hindurch sein Ziel verfolgt: uns inniger mit Ihm zu vereinen [vgl. Eph 1, 10] (L 224).

Das Leiden ist ein Sakrament, das Gott uns schenkt. Er schickt es denen, die Er liebt und die Er ganz in seiner Nähe haben will! (L 174)

In diesen schmerzlichen Stunden, in denen Sie diese schreckliche Leere empfinden, will Gott meiner Meinung nach von Ihnen grenzenloses Vertrauen und Sich-Überlassen. Denken Sie daran, daß Er da in Ihrer Seele weiten Raum aushebt, damit Sie Ihn besser empfangen können – einen Raum, der gewissermaßen unendlich ist wie Er selbst. Versuchen Sie dann, bei allem, was Sie kreuzigt, mit dem Willen ganz froh zu bleiben. Ich möchte sogar sagen: Betrachten Sie jedes Leid, jede Prüfung als einen „Liebeserweis", der unmittelbar von Gott kommt, um Sie mit Ihm zu vereinen (L 249).

Ich möchte alle Deine Leiden auf mich nehmen; das ist die erste Regung meines Herzens. Aber ich glaube, das wäre sehr egoistisch, denn das Leiden ist etwas so Kostbares. Darum will ich für Dich die Gnade erbitten, daß Du alles treu tragen kannst, ohne etwas davon verlorengehen zu lassen; und auch die Gnade, Ihn zu lieben ... (L 305)

Die Annahme (des Leidens) macht uns frei (S 220).

In tiefem Glauben erkennt Elisabeth, wie alles, sogar ihre Krankheit, Gnade und Einladung zu einer tieferen Einheit mit Gott ist. Die Prüfung wird zum Segen.

Um diese Zeit *(so erzählt die Priorin)* verschlimmerte eine innere Entzündung noch ihre Schmerzen. Sie verbrannte regelrecht innerlich und konnte kaum sprechen. Aber ihr Gesicht strahlte die größte Freude aus. „Gott ist ein verzehrendes Feuer"[4], sagte sie, „sein Wirken ist es, das ich erleide" (S 241).

Welche Barmherzigkeit, welche Liebe des Meisters, seiner kleinen Braut diese Krankheit zu senden! Manchmal denke ich, Er handelt gerade so, als ob Er nur *mich* zu lieben hätte! (L 276)

Je größere Prüfungen ein Mensch, der an Gottes „übergroße Liebe" glaubt, erleidet, um so mehr wächst sein Glaube. Denn er überquert sozusagen alle Hindernisse,

---

[4] Hebr 12,29; Dtn 4,24; vgl. Jes 33,14.

um im Schoß der unendlichen Liebe, die nur Werke der Liebe vollbringen kann, seine Ruhe zu finden (CF 20).

Trotz ihrer Willenskraft kann Elisabeth allein das Leid nicht tragen. Sie ruft die Kraft des lebendigen Gottes an, auf den sie ihr ganzes Vertrauen setzt.

Es gibt ein Wesen, das die Liebe ist und das will, daß wir in Gemeinschaft mit ihm leben [5]. Es ist herrlich: Er ist da und leistet mir Gesellschaft; Er steht mir im Leiden bei; Er hilft mir, durch den Schmerz hindurchzugehen, damit ich in Ihm seine Ruhe finde. Mach es wie ich, Du wirst sehen, es verwandelt alles! (L 327)

In Frieden, ohne jede Furcht geh ich voran,
Aller Widerwärtigkeit und allem Kreuz zum Trotz.
In der Umarmung seiner Liebe behütet mich Gott:
Ich liebe und glaube durch alles hindurch (P 96).

Ihre kleine Hostie leidet sehr, sehr, es ist eine Art physischen Todeskampfs. Sie fühlt sich so schwach, so schwach, daß sie schreien könnte! Aber Er, der die Liebe in Fülle ist, besucht sie, leistet ihr Gesellschaft und schenkt ihr Gemeinschaft mit Ihm. Dabei läßt Er sie erkennen, daß Er ihr, solange Er sie noch auf Erden läßt, Leid zuteilt (L 329).

Ich fühle meine Drei so nahe bei mir; ich werde mehr mit Glück als mit Schmerz überhäuft: Mein Meister hat mich daran erinnert, daß dies mein Wohnsitz ist und daß ich mir die Leiden nicht auswählen darf. Ich tauche also mit Ihm in das unermeßliche Leid, mit aller Furcht und Angst ... (L 320)

---

[5] Vgl. 1 Joh 4,8.16 und 1 Joh 1,3.

9. Vertrauen auf Gottes Barmherzigkeit

Als Kind hatte Elisabeth manchmal Angst vor dem strengen Richtergott, den der Jansenismus ihr vorstellte. Aber die Erfahrung eines Gottes, der „ganz Liebe ist", wie sie gern sagt, und der zärtlich wie eine Mutter ist, hat sie völlig geheilt.

Hingabe und Vertrauen

Werden Sie nicht mutlos ...! Sie haben noch nicht im weiten Herzen des lieben Gottes gelesen! Sie wissen noch nicht, wie es voll Liebe ist, und wie sehr Er sich Ihnen in seiner väterlichen Güte *widmet* und an Sie denkt (L 323).

Wenn Gott etwas will, kann Er alle Hindernisse überwinden und alle Schwierigkeiten aus dem Weg räumen (L 55).

Der Herr sagte zur heiligen Katharina von Siena: „Denke Du an mich, ich werde an Dich denken." Wir schauen zu sehr auf uns selbst, wir wollen sehen und begreifen, wir haben nicht genug Vertrauen auf Den, der uns mit seiner Liebe umhüllt (L 129).

Elisabeth übergibt sich Gott mit „liebevollem Vertrauen" (CF 4).

Ich bin so ruhig, ich weiß, wem ich mich anvertraue [vgl. 2 Tim 1,12]. Er ist allmächtig, Er soll alles nach seinem Wohlgefallen ordnen. Ich will nur, was Er will, ich verlange nur nach dem, was Er verlangt (L 38).

Ich fürchte meine Schwachheit nicht, im Gegenteil: Sie erfüllt mich mit Vertrauen; denn Er, die KRAFT, ist in mir [vgl. 2 Kor 12,9], und seine Stärke ist allmächtig. Sie wirkt, so sagt der Apostel, Größeres, als wir erhoffen können [vgl. Eph 3,20] (L 333)

Wie gut ist es, sich selbst und alle, die man liebt, Ihm zu überlassen! (L 190)

Elisabeth hatte eine gute Wegbegleiterin!

Ich vertraue Sie besonders einer jungen Karmelitin namens Therese vom Kinde Jesus *(von Lisieux)* an, die mit vierundzwanzig Jahren im Rufe der Heiligkeit gestorben ist. Vor ihrem Tod sagte sie, sie werde ihren Himmel damit verbringen, auf Erden Gutes zu tun [1]. Ihre besondere Gnade ist es, die Herzen weit zu machen und sie in die Fluten der Liebe, des Vertrauens und der Hingabe zu werfen [2]. Sie sagte, sie habe ihr Glück gefunden, als sie sich selbst zu vergessen begann [3] (L 249).

Es ist so gut, ein kleines Kind des guten Gottes zu sein, sich immer von Ihm tragen zu lassen, in seiner Liebe auszuruhen! Erbitten wir diese Gnade der Einfachheit und Hingabe von Schwester Therese vom Kinde Jesus! (L 179)

---

[1] *Therese vom Kinde Jesus,* Ich gehe ins Leben ein (Letzte Gespräche), Leutesdorf 1979, 110.
[2] Vgl. dies., Selbstbiographische Schriften, Einsiedeln 1958, 177.
[3] Dies., a.a.O., 97.

Wie wir im Evangelium sehen, will Gott uns manchmal warten lassen. Aber dem Glauben, dem Vertrauen, der Liebe verweigert Er nichts[4]: Wir müssen Ihn „bei seinem Herzen packen", sagte einmal eine junge Karmelitin[5] (L 206).

„Gekommen für die Sünder"[6]

Jesus, der Barmherzige, ist da.

Von Ihren Gebrechen, von Ihren Fehlern, von allem, was Sie beunruhigt, will Er selbst sie befreien durch diese beständige Verbindung mit Ihm. Hat Er nicht gesagt: „Ich bin nicht gekommen zu richten, sondern zu retten" [Joh 12,47]? *Nichts* darf Ihnen als ein Hindernis auf dem Weg zu Ihm erscheinen (L 249).

Sie sagen zu mir, Sie müßten Sühne leisten. Aber unser Gott wird ein „verzehrendes Feuer" [Hebr 12,29; Dtn 4,24; Jes 33,14] und „reich an Erbarmen um seiner übergroßen Liebe willen" [Eph 2,4, Vulg.] genannt. Welch festes Fundament des Vertrauens! (L 263)

Ja, wir sind recht schwach. Ich würde sogar sagen, wir sind nur Erbärmlichkeit, aber Er weiß das wohl. Er liebt es so sehr, uns zu verzeihen, uns wieder aufzuheben und uns sodann in Sich, in seine unendliche Reinheit und Heiligkeit hineinzunehmen (L 172).

---

[4] Dies., a.a.O., 147 (Therese erwähnt dort die Auferweckung des Lazarus [Joh 11] und die Hochzeit zu Kana [Joh 2]).
[5] Dies. Correspondence, 191.
[6] Vgl. Mt 9,13.

Lieben Sie Ihre Erbärmlichkeit, denn an ihr erweist Gott sein Erbarmen (L 324).

Selbst wenn Du Ihm Leid zugefügt hast, erinnere Dich, daß ein Abgrund den anderen ruft [vgl. Ps 42,8, Vulg.] und daß der Abgrund Deiner Erbärmlichkeit den Abgrund Seines Erbarmens anzieht (L 298).

Und wenn wir sterben und vor den heiligen Gott treten? Bei der ersten schweren Krise im Verlauf ihrer Krankheit fühlte Elisabeth zutiefst ihre Armut:

Dieser Augenblick ist sehr ernst, und man kommt sich so klein vor, mit so leeren Händen (L 266).

Wenn ich dem Tod ins Angesicht schauen würde, so würde ich mich, glaube ich, trotz aller meiner Untreuen den Armen meines Gottes überlassen wie ein Kind, das am Herzen seiner Mutter einschläft. Sterben ist nichts anderes als dies. Und Er, der unser Richter sein wird, wohnt in uns, Er hat sich zum Gefährten unsrer Pilgerreise gemacht, um uns zu helfen, den schmerzlichen Übergang zu bestehen (L 263).

Man muß so rein sein, um vor Gott zu treten (L 223).

Wenn ich daran denke, daß einmal ein Augenblick kommen wird, wo ich allein diesen geheimnisvollen und so bedeutsamen Übergang bestehen muß! – Aber die heilige Jungfrau wird da sein, sie wird Sie bei der Hand nehmen; mit einer so guten Mutter zur Seite brauchen Sie nichts zu fürchten! – Ja, es ist wahr, *Janua coeli (Pforte des Himmels)* [Lauretanische Litanei] wird das kleine *Lob der Herrlichkeit* wohl einlassen ... (S 255)

Was tun mit unsren Fehlern und Sünden?

Sich auf jeden Fall davon nicht niederdrücken und entmutigen lassen!

Er will auf keinen Fall, daß Sie traurig sind, wenn Sie betrachten, was Sie nicht ausschließlich für Ihn getan haben. Er ist unser Erlöser, seine Sendung besteht darin, uns zu verzeihen! (L 145)

Wenn der Anblick Ihrer Erbärmlichkeit Sie traurig macht und Sie auf sich selbst zurückwirft, so ist das Eigenliebe! (L 324)

Du mußt das Wort „Mutlosigkeit" aus Deinem Wortschatz der Liebe streichen! (L 298)

Mir scheint, daß gerade die schwächste, ja sogar die schuldbeladenste Seele den meisten Anlaß hat zu hoffen. Der Akt, den sie setzt, um sich selbst zu vergessen und sich in die Arme Gottes zu werfen, verherrlicht Ihn mehr und schenkt Ihm größere Freude als alle Selbstbesinnung und alle Gewissenserforschung, die sie in ihren Gebrechen weiterleben lassen, während sie in der Mitte ihrer selbst doch einen Retter hat, der sie in jeder Minute neu reinigen will (L 249).

Werfen wir unsre Sünden in das Feuer seiner Liebe!

Wenn Sie, wie Sie mir sagen, fürchten, seine Gnaden mißbraucht zu haben, so ist dies der Augenblick, um doppelt soviel Vertrauen zu haben. Denn der Apostel sagt: „Wo die Sünde mächtig wurde, da ist die Gnade übergroß geworden" [Röm 5, 20] (L 224).

Und wenn ich jeden Augenblick wieder falle, so werde ich mich, im Glauben fest vertrauend, von Ihm wieder aufheben lassen. Ich weiß, daß Er mir verzeihen wird, daß Er mit eifernder Sorge alles tilgen wird, ja noch mehr: daß Er mich losmachen, mich befreien wird von all meiner Erbärmlichkeit, von allem, was dem göttlichen Wirken ein Hindernis ist ... (DR 31)

Denken Sie nicht, dies sei nichts für Sie, Sie seien zu erbärmlich. Denn das ist gerade im Gegenteil ein Grund mehr, um zu Dem hinzugehen, der rettet. Nicht durch den Blick auf unsre Erbärmlichkeit werden wir gereinigt, sondern indem wir Den anschauen, der die völlige Reinheit und Heiligkeit ist (L 249).

Die armselige Elisabeth verletzt ihren Meister durch gar manche Dummheiten. Aber als liebevoller Vater verzeiht Er ihr, sein göttlicher Blick macht sie rein, und sie versucht, wie der Heilige Paulus „alles zu vergessen, was hinter ihr liegt, um sich nach dem auszustrecken, was vor ihr ist" [vgl. Phil 3, 13] (L 256).

Vor allem im Sakrament der Versöhnung wird Gottes verzeihende Liebe sichtbar. Elisabeths Priorin bezeugt:

Sie fühlte sich besonders dazu hingezogen, sich vom Blut Christi rein waschen zu lassen. Darum verlangte sie seit einigen Jahren besonders nach der Beichte, durch die sie die reinigende Kraft des kostbaren Blutes erwartete (S 250).

„Die Er berufen hat, hat Er auch gerecht gemacht" [Röm 8, 29]: Wie oft wurdest Du durch das Sakrament der Versöhnung gerechtfertigt und durch all die inneren Berührungen Gottes gereinigt, auch ohne daß Du Dir dessen bewußt warst! (GV 9)

Laß dich lieben!

Hier einige Auszüge aus ihrer letzten geistlichen Abhandlung Laß dich lieben. *Sie läßt den Herrn sprechen:*

Ich bin frei, meine Liebe zu schenken, wem ich will! *„Laß* Dich mehr lieben als diese!" [vgl. Joh 21, 15: „Liebst du mich mehr als diese?"] Das ist Deine Berufung. Bist Du darin treu, wirst Du mich glücklich machen; denn dann verherrlichst Du die Macht meiner Liebe! Diese Liebe kann wiederherstellen, was Du zerstört hast. *„Laß* Dich mehr lieben als diese! ..." (LA 2).

„Lassen Sie sich mehr lieben als diese": Ihr Meister will, daß Sie auf diese Weise Lob seiner Herrlichkeit [vgl. Eph 1, 12] sind! Er hat seine Freude daran, durch seine Liebe und zu seiner Verherrlichung Sie in Ihrem Innern zu unterrichten [vgl. Kol 2, 7]. Und Er allein will in Ihnen wirken, selbst wenn Sie nichts anderes getan haben, um diese Gnade auf sich herabzuziehen, als das, was ein Geschöpf tut: sündige und armselige Werke ... Er liebt Sie so, wie Sie sind, Er liebt Sie mehr als diese, Er wird alles in Ihnen bewirken, Er wird bis zum Äußersten gehen: Denn wenn jemand von Ihm in so hohem Maß und in dieser Weise geliebt wird, geliebt mit einer unveränderlichen und schöpferischen Liebe, mit einer Liebe, die frei ist, jemanden so umzugestalten, wie es Ihm gefällt, o wie weit kann ein solcher Mensch kommen! (LA 5)

Auch in den Stunden, da Sie nur noch Armseligkeit und Müdigkeit in sich verspüren, können Sie Gott noch ge fallen, wenn Sie treu daran *glauben*, daß Er auch dann noch in Ihnen wirkt und Sie dennoch liebt; ja, *mehr noch:* Weil seine Liebe *frei* ist, will Er auf diese Weise an Ihnen *seine Herrlichkeit erweisen;* und Sie sollen sich lieben *lassen* ... (LA 6)

10. „Sakrament" und Apostel sein

Den Gott, der in uns wohnt, sichtbar und verborgen ausstrahlen! Die Liebe, die wir von Ihm empfangen, an unsre Brüder und Schwestern weiterfließen lassen! Dies ist stets Elisabeths großer Wunsch gewesen.

„Damit meine Freude in euch sei ..."

Die Schriften Elisabeths, in denen sie zum Ausdruck bringt, wie glücklich sie ist, zeigen, wie sehr Jesu Versprechen (Joh 15, 11) bei ihr Wirklichkeit geworden ist. Allem voran steht bei ihr das Bewußtsein, daß die Freude in uns wohnt und daß wir im Himmel unsrer Seele eingeladen sind zum Liebesmahl der Dreifaltigkeit!

Ich bitte Gott, Dich die Freude seiner Liebe und seiner Gegenwart kosten zu lassen. Das verwandelt und durchstrahlt hell das Leben. Es ist das Geheimnis des Glücks! ... (L 174)

Wie glücklich macht es, im vertraulichen Umgang mit Gott zu leben, aus seinem Leben ein Herz-an-Herz, einen Liebesaustausch zu machen und den Meister auf dem Grund seiner Seele finden zu können! Dann ist man nie mehr allein, sondern braucht die Einsamkeit, um sich der Gegenwart dieses angebeteten Gasts zu erfreuen. Siehst Du, Du mußt Ihm in Deinem Leben seinen Platz geben – in Deinem Herzen, das Er so glühend, so leidenschaftlich gemacht hat (L 161).

In der Einsamkeit meines kleinen Krankenzimmers sind wir beide so glücklich. Es ist ein Herz-an-Herz, das Tag und Nacht dauert! (L 270)

Zusammen mit Jesus wagt man alles! ... Nichts wird zu schwierig oder langweilig (L 108).

Es ist so gut, Dich zu lieben und ganz Dir zu gehören. Ich wünschte, alle würden dieses Glück kosten! (J 138)

Auch mitten im Leid weicht die Freude nicht von ihr, im Gegenteil! Sie „leidet nicht mehr darunter, zu leiden" (DR 14).

Noch nie war mein Glück so groß und so wahrhaftig wie seit dem Augenblick, da Gott die Güte hatte, mich an den Leiden des göttlichen Gekreuzigten teilnehmen zu lassen, damit ich „in meinem irdischen Leib erleide, was an seiner Passion noch fehlt", wie der heilige Paulus sagt [vgl. Kol 1,24] (L 326).

Wenn dann die Verlassenheit, die Trostlosigkeit, die Todesangst über die Seele kommt, die Christus laut schreien ließen: „Warum hast du mich verlassen?" [Mt 27,46], wird sie an sein Gebet zurückdenken: „Damit eure Freude vollkommen wird" [Joh 15,11] (DR 39).

Wenn Sie wüßten, welches Werk der Zerstörung ich in meinem ganzen Leib verspüre! Der Weg nach Golgotha hat sich mir eröffnet, und ich bin sehr froh, ihn wie eine Braut an der Seite des göttlichen Gekreuzigten gehen zu können (L 294).

Dies hat aus meinem Leben einen vorweggenommenen Himmel gemacht: der Glaube, daß ein Wesen, das „die Liebe" heißt, in jedem Augenblick des Tages und der Nacht in uns wohnt, und daß unser Gott uns bittet, in Gemeinschaft [vgl. 1 Joh 1,3] mit Ihm zu leben und alle Freude und alles Leid gleichermaßen als unmittelbar von seiner Liebe kommend anzunehmen. Dies hebt die Seele über alles hinaus, was vergeht, was schmerzt, und läßt sie im Frieden und in der Liebe, die den Kindern Gottes zukommt, ihre Ruhe finden (330).

Elisabeth ist frei geworden.

Die Seele, die von sich selbst „entblößt" und mit Jesus Christus „bekleidet"[1] ist, braucht weder äußere Begegnungen noch innere Schwierigkeiten zu fürchten. Denn fern davon, ihr ein Hindernis zu sein, lassen sie sie „nur noch tiefer in der Liebe" ihres Meisters „verwurzeln" [vgl. Eph 71,15, Vulg.]. Durch alles hindurch, mit allem und gegen alles, ist sie imstande, „Ihn allzeit um seiner selbst willen anzubeten" [vgl. Ps 71,15, Vulg.]. Denn sie ist frei, befreit von sich selbst und von allem. Mit dem Psalmisten kann sie singen: „Mag ein Heer mich belagern: Mein Herz wird nicht verzagen. Mag Krieg gegen mich toben: Ich bleibe dennoch voll Zuversicht. Denn Er birgt mich in seinem Haus" [Ps 27,3.5], und dieses Haus ist nichts anderes als Er selbst (DR 33).

---

[1] Kol 3,9–10; Gal 3,27; Röm 13,14; 2 Kor 5,4.

Um die Freude kämpfen

Ein Christ müßte eigentlich immer froh sein. Aber oft verdunkeln Wolken die Sonne unsres Glaubens. Wir müssen uns immer wieder neu und tiefer Gott zuwenden, uns neu überlassen und so unsre Freude bewahren. Als die junge Elisabeth spürt, wie ihre Kräfte abnehmen, und die Angst vor dem Tod sie zu überfallen droht, muß sie um ihren inneren Frieden kämpfen.

Ich versuchte, meine Empfindungen zu übersteigen, ich versuchte, darunterzugehen. Ich nahm die Briefe des heiligen Paulus zur Hand, die mir immer eine Hilfe waren, wenn auch zu dieser Zeit im nackten Glauben. Einige Stellen, die mir früher am meisten zugesagt hatten, las ich nun wieder, beziehungsweise ich bat meinen Meister, mich auf die beste Weide zu führen. Als ich alles überdachte, was ich auf diese Weise gefunden hatte, fand ich schließlich meinen inneren Frieden wieder (S 165).

Könnte ich Dir noch das Geheimnis des Glücks beibringen, wie der liebe Gott es auch mich gelehrt hat! Du meinst, ich hätte weder Sorgen noch Leid. Es stimmt, ich bin sehr glücklich; aber man kann genauso glücklich sein, auch wenn einem nicht alles paßt. Man muß nur immer Gott anschauen. Anfangs muß man sich Gewalt antun, wenn man merkt, wie man innerlich kocht. Aber mit Geduld und mit Gottes Hilfe lernt man allmählich, sich die Freude des Herzens zu bewahren (L 123).

Wir dürfen uns nicht von oberflächlichen Motiven leiten lassen, wenn wir innerlich froh sein wollen, sondern müssen tiefer gehen. Vor allem Gottes Liebe zu uns muß uns tragen ...

Ich frage mich, wie jemand, der Gottes Liebe *zu sich persönlich* begriffen hat, nicht immer glücklich sein kann – auch mitten in Leid und Schmerz (GV 12).

Das schöne Weihnachtsfest, das ich schon immer so sehr geliebt habe, hat im Karmel ein ganz besonderes Gepräge. Diesmal verbrachte ich Heiligabend nicht zusammen mit Mama und Guite, sondern in tiefer Stille im Chor ganz nahe bei Ihm, und ich liebte es, mir selber zu sagen: „Er ist mein Alles, mein einziges Alles.' Mit welchem Glück und welchem Frieden erfüllt das die Seele! Er ist der Einzige, ich habe Ihm alles gegeben. Wenn ich es menschlich betrachte, sehe ich nur Einsamkeit, ja Leere; denn ich kann nicht sagen, daß mein Herz nicht gelitten hat. Aber wenn mein Blick immer fest auf Ihn, meinen strahlenden Stern, gerichtet bleibt, ja, dann verschwindet alles andere, und ich verliere mich in Ihm wie ein Wassertropfen im Ozean. Alles ist still, voller Frieden, und der Friede von Gott ist so gut! Von ihm spricht der heilige Paulus, wenn er sagt, daß er „alles Begreifen übersteigt" [Phil 4,7]!

Im Glauben an Gottes Liebe zu uns lernen wir, uns Ihm zu überlassen.

Mach Dir *keine* Sorgen wegen meiner Gesundheit! Ich werde so gut versorgt, wie es nur möglich ist, und wenn der liebe Gott mir die Gesundheit nicht wiederschenken will, so tut Er dies, weil Er seine kleine Hostie lieber im Zustand des Geopfertwerdens sieht. Ich bin genauso froh und zufrieden wie Er, und wenn meine geliebte Mama im Einklang mit uns bleiben will, muß sie es genauso tun (L 305).

Ich bin immer noch bettlägerig und überlasse mich ganz meinem Meister; schon im voraus bin ich voll Freude über alles, was Er noch tun wird (L 289).

Wir müssen uns selbst vergessen, uns aus dem Blick verlieren.

Wenn man mich fragen würde, welches das Geheimnis des Glücks ist, so würde ich antworten: sich selbst keine Beachtung mehr schenken, immer sich selbst verleugnen (GV 4).

Ich glaube, daß das Geheimnis des Friedens und des Glücks darin besteht, sich selbst zu vergessen, nicht mehr bei sich stehenzubleiben. Das heißt nicht, daß man seine physische und moralische Armseligkeit nicht mehr fühlt; selbst die Heiligen haben diese so kreuzigenden Zustände erlitten. Aber sie sind dabei nicht stehengeblieben: Jeden Augenblick gingen sie weiter (L 249).

„Sakrament" Christi sein

Gottes Reichtum wird uns in sehr persönlicher Weise geschenkt. Er liebt uns, wie ein Vater oder eine Mutter ihren Sohn oder ihre Tochter lieben, ja noch unendlich viel mehr!

Aber dieser Reichtum wird uns geschenkt, damit wir ihn mit den anderen teilen. Gott will uns zu Werkzeugen seiner Liebe machen, zu einem „Sakrament", wie Elisabeth so gern sagt, wobei sie in erster Linie an das eucharistische Brot, den Leib Christi, denkt, der für alle gebrochen wird.

Wenn Du wüßtest, wie sehr Er Dich liebt und wie sehr Er durch Dich die Liebe der anderen erringen will! (L 233)

Ich sende Ihnen ein Photo von mir. Als es gemacht wurde, habe ich an Ihn gedacht, es bringt Ihnen also Ihn! (L 62)

Denken Sie Sonntagabend an mich. Ich werde zu dieser Abendveranstaltung gehen. Ich glaube, Er wird glücklich sein, wenn ich dort bin. Bitten Sie Ihn, derart in mir zu sein, daß man Ihn wahrnimmt und an Ihn denkt, wenn man sich mir nähert! (L 54)

Wer mit Jesus vereinigt ist, ist wie ein lebendiges Lächeln, das Ihn ausstrahlt und Ihn weiterschenkt! (L 252)

Denken Sie beim heiligen Opfermahl am Altar dessen, den ich liebe, an Ihre Karmelitin! Sagen Sie Gott, daß sie seine Hostie sein will, in der Er immer bleibt und durch die Er sich verschenkt! (L 190)

Ein „Sakrament" auch zur Freude der Dreifaltigkeit ...

„Nach seinem Abbild, Ihm ähnlich" [vgl. Gen 1,26]: Dies war der Wunsch des Schöpfers: sich in seinem Geschöpf wiederzufinden, alle seine Vollkommenheiten, seine ganze Schönheit wie in einem reinen, fleckenlosen Spiegel aufstrahlen zu sehen [2] Ist das nicht eine Art Ausdehnung seiner eigenen Herrlichkeit? ... (DR 8)

---

[2] Vgl. Johannes v. Kreuz, Die lebendige Flamme 3,77; Teresa von Avila, Innere Burg, 1. Wohnung 1,1 ff.

Ein „Lob der Herrlichkeit" ist jemand, der in Glauben und Einfachheit unverwandt auf Gott blickt. Er ist ein Widerhall all dessen, was Gott ist. Er ist wie ein bodenloser Abgrund, in den Gott sich verströmen, sich ergießen kann. Auch ist er wie ein Spiegel, durch den Er all seine Vollkommenheiten und seine eigene Herrlichkeit widerspiegeln und betrachten kann [3]. Eine Seele, die auf diese Weise dem göttlichen Wesen erlaubt, in ihr sein Verlangen zu stillen, „alles, was Er ist und was Er hat"[4], mitzuteilen, ist wirklich ein Lob der Herrlichkeit all seiner Gaben (CF 43).

Aber Gott selbst muß uns rein und durchsichtig machen. Dies will Er insbesondere auch in dem Sakrament schlechthin, der heiligen Eucharistie.

Ich weiß, daß Sie täglich in der heiligen Messe für mich beten. Ja, bergen Sie mich im Kelch, damit meine Seele im Blut meines Christus, nach dem ich solchen Durst habe, ganz untertauche und so ganz rein, ganz durchscheinend werde, so daß die Dreifaltigkeit in mir wie in einem Spiegel aufstrahlen kann (L 131).

Rein sein, um Gottes Licht besser auffangen zu können. Sich Gottes Licht aussetzen, um rein zu werden ... Auf die Frage, welches ihre Lieblingstugend sei, antwortet die junge Elisabeth:

Die Reinheit. „Selig, die ein reines Herz haben, denn sie werden Gott schauen" [Mt 5,8] (NI 12).

---

[3] Vgl. Johannes v. Kreuz, Die lebendige Flamme 3,77.
[4] Vgl. Johannes v. Kreuz, Die lebendige Flamme 3,77.

„Blickt auf zu Ihm, so wird euer Gesicht leuchten!" [Ps 34,6], ruft der Prophet aus. Wer durch die Tiefe seines inneren Blicks in der Einfachheit, die ihn von allem löst, durch alles hindurch seinen Gott betrachtet, der wird *„leuchten"* (DR 17).

Apostolat unter den Menschen unserer Umgebung

Wie schön ist es, Gott den Menschen und die Menschen Gott zu schenken! Nicht wahr, das Leben wird ganz anders, wenn dies unsre Ausrichtung ist? (L 218)

Nachdem sie sich früher in der Pfarrei eingesetzt hatte, strebte Elisabeth als Karmelitin kein direktes Apostolat mehr an. Ihre Aufgabe ist es nun, an der QUELLE zu verharren. Aber welches Zeugnis gibt sie durch ihre innere Ausstrahlung bei ihren Schwestern und durch den reichen Inhalt ihrer Briefe!

Pastorale Richtlinien kann man bei ihr nicht finden. Sie gibt den einen wichtigen Rat: Willst du anderen geben, so lebe aus der QUELLE!

Seien Sie nicht nur in Aktivität! Während man den Martha-Dienst [vgl. Lk 10,38–42] erfüllt, kann man doch immer ganz in der Anbetung bleiben, in der Kontemplation begraben [vgl. Röm 6,4; Kol 3,3] wie Magdalena, und sich wie ein Verdurstender an die Quelle halten. So verstehe ich das Apostolat einer Karmelitin wie das eines Priesters. Dann können die Karmelitin wie der Priester Gott ausstrahlen, Ihn an die Menschen weitergeben, wenn sie ständig an diesen göttlichen Quellen bleiben. Ich glaube, so sehr muß man sich dem Meister nähern, innerlich so sehr mit Ihm vereint sein, mit allen seinen inneren Regungen übereinstimmen – und sich dann wie Er nach dem Willen seines Vaters senden lassen (L 158).

Welchen Einfluß auf die Menschen hat ein Apostel, der immer an der Quelle lebendigen Wassers [Offb 7, 17] bleibt! Er kann weiterfließen lassen, ohne innerlich jemals leer zu werden, da er eins ist mit dem Unendlichen! (L 124)

Elisabeths besondere Sorge und Liebe gilt den jungen Müttern. Sie sollen im wahrsten Sinn des Wortes „Sakrament" für ihre Kinder sein.

Wenn Du wüßtest, wie nah ich mich Dir fühle und wie sehr ich Dich mit Gebeten umschließe, Dich und das liebe kleine Wesen, das bereits in Gottes Gedanken lebt. Laß Dich ganz ergreifen, ganz durchdringen von seinem göttlichen Leben, damit Du es an das liebe Kleine weiterschenken kannst, das dann ganz überhäuft mit Segen zur Welt kommen wird! (L 183)

Der Herr vertraut Ihnen ein Kind an, damit es durch Sie Ihn kennen und lieben lernt ... Liebe Mama, das ist Ihre Sendung ... (L 186)

Lehre die Kleinen, unter Gottes Blick zu leben! (L 308)

Ich bitte Ihn, in Dir zu wohnen, Dich zu durchfluten, von Dir Besitz zu ergreifen, damit seine Marguerite wie ein Lichtstrahl von Ihm selbst wird und die kleine Sabeth einen Widerschein Gottes erblickt, wenn sie ihre Mama anschaut (L 225).

Ich bitte Ihn, sich so in Sie einzuprägen, daß Sie mit dem Apostel sprechen können: „Nicht mehr ich lebe, son dern Christus lebt in mir" [Gal 2,20]. So sollen Sie sein Sakrament werden, in dem Ihre beiden kleinen Töchter Ihn immer erblicken! (241)

Ein Mutterherz ist so gut! Ich glaube, Gott hat hier auf Erden nichts Besseres geschaffen! (L 315)

Schwester der Priester

Als Kontemplative betet Elisabeth vor allem für die Priester. Einigen schreibt sie von Zeit zu Zeit. Ihre Briefe lassen erkennen, wie tief sie die Größe der priesterlichen Berufung erfaßt.

Sind Sie nicht dazu vorherbestimmt [vgl. Röm 8,29], daß der Ewige Sie erwählt, sein Priester zu sein? Ich glaube, daß der Vater sich voll Liebe über Sie neigt und Sie mit seiner göttlichen Hand sorgfältig formt, damit Sie dem Bild seines Sohnes immer ähnlicher werden bis zu dem großen Tag, da die Kirche zu Ihnen sagen wird: „Tu es sacerdos in aeternum" („Du bist Priester auf ewig") [Hebr 5,6; 7,17; Ps 110,4]. Dann wird sozusagen alles in Ihnen Ebenbild des Hohenpriesters Jesus Christus sein, so daß Sie Ihn immer vor seinem Vater und den Menschen widerspiegeln können. Welch große Berufung! Es ist die „alles überragende Macht Gottes" [vgl. Eph 1,19], die Ihr Wesen durchströmt, um Sie umzugestalten und zu vergöttlichen. Welch innere Sammlung und welch liebevolles Aufmerken auf Gott erfordert dieses erhabene Werk Gottes! (L 231)

Der Allmächtige, dessen Unendlichkeit das Weltall umschließt, scheint Sie zu brauchen, um Sich den Menschen zu schenken! (L 202)

Ich glaube, ein Priester muß immer gerade die priesterliche Jungfrau Maria anrufen und anschauen. Sie erbitte Ihnen die „Erkenntnis des göttlichen Glanzes auf dem Antlitz Christi", von der der Apostel spricht [2 Kor 4, 6]. Erflehen wir dies in der Stille des Gebetes von ihr (L 231).

11. Maria, Mutter des Lichtes

Für Elisabeth ist Maria die Mutter dessen, der gesagt hat: „Ich bin das Licht der Welt" [Joh 8,12], das schönste Spiegelbild der Dreifaltigkeit und das beste Portrait eines Christen. Getrieben von ihrem Ideal, „Lob der Herrlichkeit" zu sein, will sie zugleich auch „Lob der Liebe unsrer Unbefleckten Mutter" sein (CF 44).

Die innere Schönheit Marias

Nach Jesus Christus, unter Beachtung des Abstandes zwischen dem Unendlichen und dem Endlichen, gibt es ein Geschöpf, das ebenso das große Loblied der Herrlichkeit der Heiligsten Dreifaltigkeit war. Diese Frau gab ihre volle Antwort auf die Erwählung durch Gott, von der der Apostel spricht: In den Augen des dreimal heiligen Gottes war sie immer *„heilig, untadelig und schuldlos"* [Kol 1,22].

Marias Seele ist so einfach. Ihre Regungen sind so tief, daß man sie nicht erfassen kann. Sie scheint auf Erden das Leben des göttlichen Wesens, des einfachen Wesens Gottes widerzuspiegeln. Sie ist so klar, so licht ... (DR 40)

„Niemand hat den Vater gesehen", sagt uns der heilige Johannes, „nur der Sohn und der, dem es der Sohn offenbaren will."[1] Ich glaube, man kann auch sagen: „Nie-

---

[1] Zitat aus dem Gedächtnis. Der Anfang ist von Joh 6,46 (vgl. auch Joh 1,18 u. 1 Joh 4,12), der Schluß von Mt 11,27.

mand hat die Tiefe des Geheimnisses Christi ergründet, nur die Jungfrau Maria." ... Wie sehr treten alle anderen Heiligen in den Hintergrund, wenn man die lichte Klarheit der seligen Jungfrau betrachtet! ... Sie ist unbeschreiblich! (DR 2)

„Wenn du wüßtest, worin die Gabe Gottes besteht ..." [Joh 4, 10], sagte Christus zur samaritischen Frau. Es gibt ein Geschöpf, das diese Gabe Gottes erkannt hat, ein Geschöpf, das kein Stückchen davon verlorengehen ließ, ein Geschöpf, das so rein, so leuchtend klar war, daß es das Licht selbst zu sein schien: „Spiegel der Gerechtigkeit" [Lauretanische Litanei]. Das Leben dieses Geschöpfes war so einfach, so in Gott verloren, daß man fast nichts darüber sagen kann (CF 39).

„Virgo fidelis" [Lauretanische Litanei]: Maria war die treue Jungfrau, die Magd des Herrn, „die alles in ihrem Herzen bewahrte" [vgl. Lk 2, 19.51]. Vor Gott erniedrigte sie sich so sehr und wandte sich Ihm in der Verborgenheit des Tempels so gesammelt zu, daß sie das Wohlgefallen der heiligen Dreifaltigkeit auf sich zog: „Denn auf die Niedrigkeit seiner Magd hat er geschaut. Siehe, von nun an preisen mich selig alle Geschlechter ..." [Lk 1, 48]. Der Vater neigte sich herab zu diesem so schönen Geschöpf, das so wenig um seine eigene Schönheit wußte; Er wollte, daß sie in der Zeit die Mutter dessen werde, dessen Vater Er in der Ewigkeit ist. Da kam der Geist der Liebe über sie, der jede göttliche Handlung lenkt.

Die Jungfrau sagte ihr Fiat: „Siehe, ich bin die Magd des Herrn; mir geschehe, wie du es gesagt hast" [Lk 1, 38]. Und das größte aller Geheimnisse wurde vollzogen. Durch die Herabkunft des Wortes in ihren Schoß wurde Maria für immer Gottes Beute und Eigentum (CF 39).

In der Nachfolge Mariens

Maria, die große Betende und das Leitbild für alle, die beten, zeigt uns auch den Weg der Einfachheit und Demut.

Mehr als jede andere Heilige scheint sie mir nachahmenswert zu sein. Ihr Leben war so einfach. Wenn ich sie nur anschaue, erfüllt mich schon Friede (S 138).

Marias Demut war so wahrhaftig, weil sie stets sich selbst vergaß, um sich selbst nicht wußte, frei von sich selbst war (DR 40).

Wie mir scheint, ist die innere Haltung der seligen Jungfrau während der Monate zwischen der Verkündigung und der Geburt Christi Vorbild für innerliche Menschen, d. h. für alle, die Gott dazu erwählt hat, ein inneres Leben zu führen in tiefster Tiefe. Mit welchem Frieden und in welcher Sammlung gab Maria sich jeder Pflicht hin! Wie sehr bekamen die alltäglichen Dinge bei ihr Bezug zu Gott! (CF 40)

Wenn ich im Evangelium lese, daß „Maria durch das Bergland von Judäa eilte" [vgl. Lk 1, 39], um bei ihrer Verwandten Elisabeth ihren Liebesdienst zu erfüllen, sehe ich sie in großer Schönheit und Ruhe an mir vorübergehen, innerlich so gesammelt dem Wort Gottes zugewandt (DR 40).

Wie Maria sehe ich mein Leben unter dieser doppelten Berufung: „Jungfrau – Mutter". Jungfrau: Im Glauben bin ich Christus vermählt; Mutter: Ich will die Menschen zu Gott führen, will die Zahl der Kinder des Vaters, der Miterben Jesu Christi vermehren [vgl. Gal 4, 5–7] (L 199).

Die Mutter des Schmerzensmannes lehrt Elisabeth, mit Ihm zu leiden und zu sterben.

Maria steht dort unter dem Kreuz, *aufrecht*, stark und tapfer. Und da ist mein Meister, der zu mir sagt: „Ecce Mater tua" („Siehe da, deine Mutter") [Joh 19,27]. Er gibt sie mir zur Mutter ... Und nun, da Er zum Vater zurückgekehrt ist, da Er mich an seiner Stelle ans Kreuz geheftet hat, damit ich „für seinen Leib, die Kirche, in meinem irdischen Leib ergänze, was an den Leiden Christi noch fehlt" [Kol 1,24], nun steht die Jungfrau wiederum dort, um mich zu lehren, so zu leiden wie Er, um mich diese letzten Gesänge seiner Seele vernehmen zu lassen, die niemand außer ihr, seiner Mutter, hat erlauschen können (DR 41).

Es gibt ein Mutterherz, dem Du Dich anvertrauen kannst: das Herz der seligen Jungfrau. Sie hat jeden Schmerz, jede Erschütterung durchlitten und blieb doch immer so ruhig, so stark, weil das Herz ihres Christus immer ihr Halt war! (L 134)

Anrufung Marias

Elisabeth vertraut sich ganz der Führung Marias an und überläßt sich ihren mütterlichen Händen.

Noch nie habe ich sie so geliebt! Ich weine vor Freude, wenn ich daran denke, daß dieses ganz klare, ganz lichte Geschöpf meine Mutter ist, und ich freue mich über ihre Schönheit wie ein Kind, das seine Mutter liebt. Ich fühle mich sehr zu ihr hingezogen, ich habe sie zur Königin und Beschützerin meines und Deines Himmels erhoben (L 298).

An jedem Marienfest erneuere ich meine Weihe an
diese gute Mutter. Heute habe ich mich ihr also anvertraut und mich von neuem in ihre Arme geworfen. Mit
dem größten Vertrauen habe ich ihr meine Zukunft,
meine Berufung anempfohlen (J 2).

Oft bittet sie Maria um Hilfe für andere.

O Maria, Dich bittet nie jemand umsonst. Ich bitte Dich
inständig: Erhöre mein Gebet. Du kannst mein Anliegen
nicht zurückweisen: Es geht um meine Brüder ... (J 49)

Gehen wir zur seligen Jungfrau, die ganz rein, ganz licht
ist. Sie soll uns mit Dem vertraut machen, in den sie so
tief eingegangen ist, damit unser Leben eine ständige
Communio, eine ganz einfache Bewegung auf den guten
Gott hin werde (L 165).

Beständiger Advent

*Marias erster „Advent" soll Elisabeths ganzes Leben prä-
gen.*

Ich brauche mich nicht anzustrengen, um in das Mysterium der Einwohnung Gottes in der Jungfrau Maria einzugehen. Mir kommt es vor, als wäre die ständige
Regung meiner Seele die gleiche wie die ihre: den verborgenen Gott in mir anzubeten (S 139).

Ich habe den Gedanken so gern, daß das Leben eines
Priesters (und auch das einer Karmelitin) ein Advent ist,
der die Menschwerdung des Herrn in den Seelen vorbe-
reitet ... Besteht unsre Sendung nicht auch darin, dem
Herrn den Weg zu bereiten durch unsre Vereinigung mit

dem, den der Apostel ein „verzehrendes Feuer" nennt [Hebr 12,29; Dtn 4,24]? Bei der Berührung mit Ihm muß unsre Seele eine Liebesflamme werden, die alle Glieder des Leibes Christi, seiner Kirche, erfaßt [vgl. Kol 1,24] (L 250).

Maria bereitet Elisabeth auf die endgültige Begegnung mit dem Herrn vor.

Die selige Jungfrau, dieses ganz lichte, von der Reinheit Gottes ganz reine Wesen, wird mich bei der Hand nehmen und mich in den Himmel führen! (S 258)

Wenn ich mein „Consummatum est" („Es ist vollbracht") [Joh 19,30] gesprochen habe, so wird auch sie, die „Janua coeli" („Pforte des Himmels") [Lauretanische Litanei] es sein, die mich in die himmlischen Hallen einführt und mir dabei ganz leise das geheimnisvolle Wort sagt: *„Laetatus sum in his quae dicta sunt mihi, in domum Domini ibimus! ..."* („Voll Freude war ich, als sie mir sagten: Zum Haus des Herrn wollen wir ziehen!") [Ps 122,1] (DR 41).

12. Für den Himmel geboren

Je mehr Elisabeth aus Gott lebt, um so größer wird ihr Verlangen, Ihn in seiner ganzen Klarheit zu schauen. Sie ist voll Hoffnung. Ihr irdisches Leben kommt ihr wie eine große Gnade vor, ein Liebesgeschenk Gottes.

Für das Leben danken

Dankbarkeit ist der Grundsatz meines Herzens! (L 275)

Alle Seine Gaben sind Saiten, die Tag und Nacht das Loblied seiner Herrlichkeit singen (DR 35).

Danken wir Gott für diese Tage, so schmerzlich sie auch für Dich waren. Ich fühle so gut, daß sie über uns kommen wie eine Flut von Liebe. Verscherzen wir nichts davon und danken wir dem, der nichts anderes kann als uns lieben (L 266).

Alles müssen wir im Licht Gottes sehen und Ihm danken, immer und trotz allem (L 239).

Der Tod: der große Übergang

Wir alle müssen einmal sterben. Elisabeth wurde sehr schnell mit Tod und Ewigkeit konfrontiert. Was bleibt am Abend des Lebens? Welches sind die letztgültigen Werte?

Im Licht der Ewigkeit sieht man die Dinge, wie sie in Wirklichkeit sind. Wie leer ist alles, was nicht für Gott und mit Gott getan worden ist! Ich bitte Sie inständig, zeichnen Sie alles mit dem Siegel der Liebe! Nur das bleibt (L 333).

Die Zeit ist Ewigkeit, die schon begonnen hat, aber immer weiter voranschreitet (DR 1).

In dieser letzten Stunde meiner irdischen Verbannung, an diesem schönen Abend meines Lebens, erscheint mir im Licht der Ewigkeit alles so ernst ... Ich möchte allen Menschen sagen können, wie leer und nichtig alles ist, was nicht für Gott getan wird! (L 340)

Deine Mutter hat uns durch ihren Tod nicht verlassen. Denn die Liebe lebt in der Seele, und die Seele stirbt nicht (L 212).

Im Licht Gottes sieht man, daß „Leiden vergeht, aber gelitten haben immer bleibt" (L 312).

Mein Meister drängt mich, Er spricht nur noch über die Ewigkeit der Liebe mit mir. Es ist so schwerwiegend, so ernst. Ich möchte jede Minute ganz leben! (L 335)

Bereiten wir uns für die Ewigkeit, leben wir mit Ihm; denn nur Er kann bei uns sein und uns helfen bei diesem großen Übergang. Er ist ein Gott der Liebe ... (L 267)

Ich bin so glücklich, als Karmelitin zu sterben (L 278).

Was heißt sterben?

Der heilige Johannes sagt ein ganz kurzes Wort, das mir eine herrliche Definition des Todes zu sein scheint: „Jesus wußte, daß seine Stunde gekommen war, um aus dieser Welt zum Vater hinüberzugehen" [Joh 13,1]. Ist das nicht rührend einfach? (L 238)

Haben Sie keine Angst vor der Stunde, die wir alle einmal durchmachen müssen. Der Tod gleicht dem Schlaf eines Kindes, das an der Brust seiner Mutter einschlummert. Dann wird endlich die Nacht der Verbannung für immer vorbei sein, und wir werden Anteil erlangen am Erbe der Heiligen, die im Licht sind [vgl. Kol 1,12] (L 224).

Wie feierlich ist die Stunde, in der ich mich nun befinde! Das Jenseits ist so ergreifend. Schon lange kam es mir vor, als wohnte ich bereits dort, aber es ist doch unbekannt ... Wie sehr muß man für die Sterbenden beten! Ich möchte gern meine Ewigkeit damit verbringen, ihnen beizustehen, denn der Tod hat etwas Erschreckendes an sich! ... Für diejenigen, die nur im Genuß gelebt haben und auf so vielerlei Weise an diese Welt gebunden sind, muß er schrecklich sein. Auch ich erfahre, obwohl ich von allem frei bin, wie mir scheint, etwas, das ich nicht beschreiben kann, etwas von der Gerechtigkeit, der Heiligkeit Gottes. In mir ist das Bewußtsein, daß der Tod eine Züchtigung ist, und ich fühle mich so klein, so ohne Verdienste! ... Wie sehr muß man die Sterbenden zum Vertrauen hinführen! ... (S 255)

„Ihm begegnen"

Schon früh erwachte in Elisabeth die Sehnsucht nach dem Himmel, dem ewigen Einssein mit Gott, unser aller Endbestimmung.

Wir werden Gott in seinem Licht sehen. Finden Sie nicht, daß man im Gedenken an diese Begegnung, diese Anschauung dessen, den man allein liebt, Ruhe findet? Da verschwindet alles andere, und es ist, als gehe man bereits in das Geheimnis Gottes ein (L 165).

Den Meister, den ich anbete, will ich schauen ... Ich glaube, Er erwartet mich (P 77).

Während ihrer Krankheit erfaßt sie die Sehnsucht nach dem Himmel immer mehr.

Die Seligkeit zieht mich immer mehr an: Meinem Meister und mir geht es nur noch hierum. Seine ganze Sorge besteht darin, mich auf das ewige Leben vorzubereiten (L 306).

Die Aussicht, Ihn, den ich liebe, in seiner unaussprechlichen Schönheit zu schauen und mich in die Dreifaltigkeit zu versenken, die schon hier auf Erden mein Himmel war, erfüllt mich mit unendlicher Freude (L 271).

Da ich ganz sicher bin, daß Du mich verstehst, will ich Dir meine große Enttäuschung darüber eingestehen, nicht zu dem hinaufgegangen zu sein, den ich so sehr liebe. Denk, welch ein Osterfest wäre das für Deine Tochter im Himmel gewesen! Aber das war noch egoistisch. Nun will ich mich ganz dem Gehorsam unterstellen, in dem ich um Heilung bitten soll (L 266).

Du liebst mich genug, um Dich darüber zu freuen, daß ich gehe, um mich dort auszuruhen, wo ich schon seit langem lebe (L 298).

Ihre Sehnsucht wird durch Leiden geprüft.

Als die Schwester, die sie pflegte, sie eines Abends sehr leiden sah, sagte sie zu ihr: „Meine arme kleine Schwester, Sie können nicht mehr?" – „Nein, ich kann nicht mehr." – „Sehnen Sie sich nach dem Himmel?" – „O ja! Bis jetzt habe ich mich einfach überlassen; aber ich bin doch seine Braut, und nun habe ich das Recht, zu sagen: Brechen wir auf! Wenn man sich liebt, verlangt man danach, sich zu sehen. O, und ich liebe Ihn! ... (S 257)

Es wäre zu schön gewesen, wenn ich in meinem früheren Seelenzustand gestorben wäre! Nun gehe ich im reinen Glauben heim. So habe ich es auch lieber: Auf diese Weise bin ich meinem Meister ähnlicher und bin auch mehr in der Wahrheit (S 249).

Schon auf Erden beginnt der „Himmel im Glauben"!

Wie glücklich wäre ich, wenn Gott endlich den Schleier wegnehmen würde, damit ich in Ihn eingehen und ewig seine Schönheit von Angesicht zu Angesicht schauen kann! Bis dahin lebe ich in der Mitte meiner Seele im Himmel des Glaubens und versuche, meinen Meister glücklich zu machen (L 274).

Ich hinterlasse Dir meine Liebe zur Dreifaltigkeit, zur „Liebe" [1 Joh 4,8.16]. Lebe mit ihr in Deinem Innern, im Himmel Deiner Seele! Der Vater wird Dich mit seinem Schatten bedecken [vgl. Mt 17,5] und gleichsam eine Wolke zwischen Dich und die Dinge der Erde legen, um Dich ganz als sein Eigentum zu bewahren. Er wird Dir seine Kraft schenken, damit Du Ihn mit einer Liebe liebst, die stark ist wie der Tod [vgl. Hld 8,6]. Das göttliche Wort wird in Deine Seele seine eigene Schönheit einprägen wie in einen Kristall, damit Du rein bist in seiner Reinheit und leuchtest in seinem Licht. Der Heilige Geist wird Dich in eine geheimnisvolle Lyra verwandeln, die in der Stille unter der göttlichen Berührung einen herrlichen Hymnus an die Liebe hervorbringen wird. Dann wirst Du das „Lob seiner Herrlichkeit", das ich auf Erden zu sein geträumt hatte. Du wirst an meine Stelle treten. Ich werde das „Laudem gloriae" vor dem Thron des Lammes sein, und Du das „Laudem gloriae" in der Mitte Deiner Seele. So werden wir immer eins sein (L 269).

„In Deinem Licht werde ich Dich sehen"

Was ist der Himmel?

Der Himmel ist das Vaterhaus [vgl. Joh 14,2]. Wir werden dort als vielgeliebte Kinder erwartet, die nach einer langen Zeit der Verbannung nach Hause zurückkehren. Und um uns dorthin zu geleiten, wird Er selbst unser Reisegefährte! (L 295)

Ich weiß, daß Du Dich über meine erste Begegnung mit der göttlichen Schönheit freuen wirst! Wie glücklich werde ich sein, wenn die Schleier fallen und ich in das Geheimnis seines Antlitzes eingehe! Dort, im Schoß der Dreifaltigkeit, die schon hier auf Erden meine Wohnung war, werde ich meine Ewigkeit verbringen. Denk Dir, meine liebe Schwester! In seinem Licht die Herrlichkeiten des göttlichen Wesens schauen, alle Tiefen seines Geheimnisses durchforschen, in dem aufgegangen sein, den man liebt, unablässig seine Herrlichkeit und seine Liebe besingen, Ihm gleich sein, da man Ihn sieht, wie Er ist [vgl. 1 Joh 3,2]! ... (L 269)

Wenige Tage vor ihrem Tod, am Fest Allerheiligen, sagt Elisabeth zu ihren Schwestern:

Alles vergeht! ... Am Abend des Lebens bleibt nur die Liebe ... Man muß alles aus Liebe tun; man muß sich selbst ständig vergessen: Der gute Gott liebt es so sehr, wenn man sich selbst vergißt ... O, hätte ich es doch nur immer getan! ... (S 248)

Wenige Tage später ruft sie nach einem heftigen Anfall aus:

O Liebe, Liebe! Du weißt, wie sehr ich Dich liebe, wie sehr ich danach verlange, Dich zu schauen. Du weißt auch, wie sehr ich leide. Aber wenn Du willst, dann auch noch dreißig, vierzig Jahre, ich bin bereit. Zehre mein ganzes Wesen auf zu Deiner Verherrlichung; es soll Tropfen um Tropfen für Deine Kirche ausbluten (S 256–257).

Die letzten Worte, die man noch verstehen konnte, waren:

Ich gehe zum Licht, zur Liebe, zum Leben! ... (S 258)

Aber im Himmel will sie nicht untätig sein:

Dort oben werde ich Sie nicht vergessen. Denn ich denke doch, daß das Herz sich nicht ändert, sondern durch die Verbindung mit dem Herzen Gottes nur weiter wird. Wieviel werde ich für Sie beten! (L 315)

Im Himmel werde ich nicht mehr für Dich leiden können, mein Gott. Aber ich hoffe, daß ich dort wenigstens noch zu Deiner Verherrlichung wirken kann! (J 148)

Wie mir scheint, wird meine Sendung im Himmel darin bestehen, Menschen zu Gott zu ziehen, indem ich ihnen helfe, aus sich selbst herauszugehen und durch eine ganz einfache Regung der Liebe Gott anzuhangen. Meine Sendung wird es sein, sie in diesem großen inneren Schweigen zu bewahren, in dem Gott sich in ihr Inneres einprägen und sie in Sich selbst umwandeln kann (L 335).

Leben wir aus Liebe, um aus Liebe zu sterben und den Gott, der ganz Liebe ist, zu verherrlichen (L 335).

O mein Gott, Dreifaltigkeit, die ich anbete

O mein Gott,
Dreifaltigkeit, die ich anbete:
Hilf mir, mich ganz zu vergessen,
um in Dir zu wohnen,
regungslos und friedvoll,
so als weilte meine Seele
bereits in der Ewigkeit.
Nichts soll meinen Frieden stören können,
nichts mich aus Dir herausziehen können,
o mein Unwandelbarer;
vielmehr soll mich jede Minute
weiter hineinführen
in die Tiefe Deines Geheimnisses.

Schenk Frieden meiner Seele,
mach sie zu Deinem Himmel,
zu Deiner geliebten Wohnung
und zum Ort Deiner Ruhe.
Gib, daß ich Dich dort nie allein lasse,
sondern ganz da bin,
ganz wach in meinem Glauben,
ganz anbetend,
ganz ausgeliefert an Dein schöpferisches Handeln.

O mein geliebter Christus,
aus Liebe gekreuzigt,
ich möchte Braut sein für Dein Herz,

ich möchte Dich mit Ehre überschütten,
ich möchte Dich lieben ...
ja, aus Liebe sterben!
Aber ich fühle mein Unvermögen.
Darum bitte ich Dich:
„Bekleide mich mit Dir selbst"[1],
mach meine Seele eins
mit allen Regungen Deiner Seele,
überflute mich,
nimm mich in Besitz,
tritt Du an meine Stelle,
damit mein Leben
nur mehr ein Widerschein Deines Lebens sei.
Komm in mich
als Anbeter, Versöhner und Erlöser!

O ewiges Wort,
Wort meines Gottes,
ich will mein Leben damit verbringen,
auf Dich zu hören.
Ich will ganz offen und gelehrig sein,
um alles von Dir zu lernen.
Sodann will ich durch alle Nächte,
alle Leere und alles Unvermögen hindurch
immer den Blick auf Dich richten
und in Deinem hellen Licht bleiben.
O mein geliebter Stern,
banne mich fest,
damit ich nie mehr
aus Deinem Strahlenkreis herausfallen kann.

---

[1] Vgl. Gal 3,27.

O verzehrendes Feuer,
Geist der Liebe,
„komm über mich"[2],
damit in meiner Seele gleichsam
eine neue Menschwerdung des Wortes geschehe:
Möge ich Ihm eine zusätzliche Menschheit sein,
in der Er sein ganzes Mysterium erneuern kann.
Und Du, o Vater,
neige Dich zu Deinem armen, geringen Geschöpf herab,
„bedecke es mit Deinem Schatten"[3],
sieh in ihm nur den „Vielgeliebten,
an dem Du Dein Wohlgefallen hast"[4].

O meine Drei,
mein Alles,
meine Seligkeit,
unendlich Einer,
Unermeßlichkeit, in die ich mich verliere,
ich liefere mich Dir als Beute aus.
Senke Dich ganz in mich hinein,
damit ich mich in dich versenke,
bis ich einst in Deinem Licht
zur Anschauung
Deiner unermeßlichen Größe und Erhabenheit gelange.

---

[2] Vgl. Lk 1,35.
[3] Vgl. Lk 1,35; Mt 17,5.
[4] Vgl. Mt 17,5.

Abkürzungen

L = Lettre (Brief)
J = Journal (Tagebuch)
P = Poésie (Gedicht)
NI = Notes intimes (Innere Aufzeichnungen)
CF = Le Ciel dans la foi (Der Himmel im Glauben)
GV = La Grandeur de notre vocation (Die Größe unserer Berufung)
DR = Dernière Retraite (Letzte Exerzitien)
LA = Laisse-toi aimer (Laß dich lieben)
S = Carmel von Dijon, *Souvenirs*, 1909.

Alle Auszüge, außer die mit S gezeichneten, entnehmen wir der französischen Ausgabe der „Oeuvres complètes", erschienen bei: Editions Cerf, 1979/1980, unter dem Titel ELISABETH DE LA TRINITE, *J'ai trouvé Dieu*, in drei Bänden:

Band I/A: Traités spirituels (Geistliche Abhandlungen);
Band I/B: Lettres du Carmel (Briefe aus dem Karmel);
Band II: Journal, Notes intimes, Lettres de jeunesse et Poésies (Tagebuch, Innere Aufzeichnungen, Jugendbriefe und Gedichte).

Wir folgen den Zahlenangaben dieser Ausgabe.

Literatur

Therese Martin, Ich gehe ins Leben ein. Letzte Gespräche der Heiligen von Lisieux. Johannes-Verlag Leutesdorf [1]1979.

Therese vom Kinde Jesus, Selbstbiographische Schriften, Johannes-Verlag Einsiedeln 1958.

Sainte Thérèse de Lisieux, Correnspondance générale, Ed. du Cerf-DDB, 1972–74.

Rusbrock (Ruysbroec) l'Admirable, Oeuvres choisies. Traduit par Ernest Hello, Paris, Perrin et Cie, 1902, n^{elle} édition.

Teresa von Avila, Gesammelte Werke, Kösel Verlag München 1912–1921.

Johannes vom Kreuz, Sämtliche Werke, Johannes-Verlag Einsiedeln 1977–1983.

Bücher von Waltraud Herbstrith

Von Gott beschenkt

Ursprünge geistlichen Lebens

„Ein spirituelles Glaubensbuch, das Wege aufzeigt zu sinnerfülltem Leben. Waltraud Herbstrith vermittelt dem Leser die Gewißheit, angenommen, mit Gottes Gnade beschenkt und von seiner Liebe umfangen zu sein. Der Leser erkennt, daß gerade auch in den kleinen Dingen Sinn verborgen ist" (Würzburger Diözesanblatt).

128 Seiten, Paperback. ISBN 3-451-20089-9

Verweilen vor Gott

Mit Teresa von Avila, Johannes vom Kreuz,
Theresia von Lisieux, Edith Stein.

„Die Autorin stellt den modernen, vom Streß geprägten Menschen beispielhafte Gestalten des kontemplativen Lebens vor... Das Beispiel dieser Menschen zeigt, daß Kontemplation nichts Weltfremdes ist, sondern Voraussetzung für ein gelungenes, erfülltes Leben" (Ordenskorrespondenz).

„Ein eingängig geschriebenes Buch, das nicht in der Vergangenheit stehenbleibt, sondern gerade auch wesentliche Impulse für ein spirituelles Leben heute zu geben vermag" (Anzeiger für die Seelsorge).

5. Auflage, 112 Seiten, Paperback. ISBN 3-451-17790-0

Verlag Herder Freiburg · Basel · Wien

Gott allein

Teresa von Avila heute

Herausgegeben von Waltraud Herbstrith
Mit Beiträgen von Alfons Auer, Bernhard Casper, Ulrich Dobhan, Hugo Enomiya-Lasalle, Walter Groß, Waltraud Herbstrith, Walter Kasper, Rojelio Garcia Mateo, Jürgen Moltmann, Georg Moser, Dieter Müller, Anna Maria Strehle und Hans Waldenfels.

„Namhafte Autoren deuten die große Bedeutung der heiligen Teresa für unsere Zeit. Es ist ihre Antwort auf die Frage: Was kann meinem Leben Sinn geben? Die Aktualität dieser Antwort ist erstaunlich. Teresa greift ein vitales, existentielles Bedürfnis des Menschen auf, seine Sehnsucht nach Freundschaft. Das kommt auch zum Ausdruck in den verschiedenen Beiträgen dieses Buches. So schreibt sie einmal: ‚Es gibt in uns etwas unvergleichlich Wertvolleres als das, was wir nach außen hin sehen können – meinen wir doch nicht, in uns herrsche Leere!' Vielleicht waren diese Worte Teresas noch nie so aktuell wie heute" (Katholisches Sonntagsblatt, Würzburg).

„Die Autoren dieses Buches zeichnen mit großem Können und mit Einfühlung das Bild der großen Kirchenlehrerin des geistlichen Lebens und stehen doch auch wieder voll Staunen vor dem Wirken Gottes in einem Menschen, der sich ihm vorbehaltlos und rückhaltlos zur Verfügung stellte" (Ordensnachrichten, Wien).

288 Seiten, Paperback. ISBN 3-451-19661-1

Verlag Herder Freiburg · Basel · Wien